Smak Chin

Kulinarna Odyseja na Daleki Wschód

Karolina Nowak

Treść

Pikantna Duszona Wieprzowina 9
bułeczki wieprzowe na parze 10
wieprzowina z kapustą 12
Wieprzowina z kapustą i pomidorami 14
Marynowana wieprzowina z kapustą 15
Wieprzowina Z Selerem 17
Wieprzowina z kasztanami i grzybami 18
Kotlet schabowy Suey 19
Wieprzowina Chow Mein 21
Pieczona Wieprzowina Chow Mein 23
chutney wieprzowy 24
Wieprzowina z ogórkiem 25
chrupiące saszetki wieprzowe 26
bułki wieprzowe i jajeczne 27
Roladki z jajek wieprzowych i krewetek 28
Wolno gotowane jajko wieprzowe 29
ognista świnia 30
smażona polędwiczka wieprzowa 31
Pięć smaków wieprzowiny 32
Pachnąca pieczeń wieprzowa 33
Mielona wieprzowina z czosnkiem 34
Pieczona Wieprzowina Z Imbirem 35
Wieprzowina Z Fasolką szparagową 36
Szynka wieprzowa i tofu 37
Smażone szaszłyki wieprzowe 39
Gicz wieprzowa duszona w czerwonym sosie 40
marynowana wieprzowina 42
Marynowane kotlety wieprzowe 43
Wieprzowina Z Pieczarkami 44
mięso mielone na parze 45
Gotowana na czerwono wieprzowina z grzybami 46
Naleśnik wieprzowy z makaronem 47

wieprzowina i krewetki z makaronem naleśnikowym 48
Wieprzowina z sosem ostrygowym 49
wieprzowina orzechowa 50
Wieprzowina Z Papryką 52
Pikantna wieprzowina z piklami 53
Wieprzowina z sosem śliwkowym 54
Wieprzowina Z Krewetkami 55
czerwona gotowana wieprzowina 56
Wieprzowina z czerwonym sosem 57
Wieprzowina z makaronem ryżowym 59
pyszne klopsiki wieprzowe 61
Grillowane kotlety wieprzowe 62
pachnąca wieprzowina 63
Gładkie plastry wieprzowiny 65
Wieprzowina ze szpinakiem i marchewką 66
wieprzowina na parze 67
pieczona wieprzowina 68
Wieprzowina ze słodkimi ziemniakami 69
Słodko-kwaśna wieprzowina 70
solona wieprzowina 72
Wieprzowina Z Tofu 73
pieczona wieprzowina 74
dwukrotnie gotowana wieprzowina 75
wieprzowina z warzywami 76
Wieprzowina Z Orzechami 78
ravioli wieprzowe 79
Wieprzowina z kasztanami wodnymi 79
Wontony wieprzowe i krewetkowe 80
bułeczki gotowane na parze z cukrem pudrem 81
Żeberka z sosem z czarnej fasoli 83
grillowane żeberka 85
Klonowe Pieczone Żeberka 86
smażone żeberka wieprzowe 87
Żeberka porowe 88
Żeberka grzybowe 90
Pomarańczowe żeberka 91

Żeberka Ananasowe 93
Chrupiące żeberka krewetkowe 95
Żeberka w winie ryżowym 96
Żeberka sezamowe 97
Słodkie i wilgotne żeberka 99
Smażone żeberka 101
Żeberka pomidorowe 102
pieczona wieprzowina 104
Zimna wieprzowina z musztardą 105
Chińska świnia 106
Wieprzowina ze szpinakiem 107
smażone kulki wieprzowe 108
Roladki z jajek wieprzowych i krewetek 109
Mięso mielone na parze 111
Pieczona wieprzowina z mięsem kraba 112
Wieprzowina z kiełkami fasoli 113
Zwykły kurczak w cieście 115
Kurczak w sosie pomidorowym 117
Kurczak Pomidorowy 118
Gulasz Z Kurczaka Z Pomidorami 119
Kurczak i pomidory z sosem z czarnej fasoli 120
Smażony kurczak z warzywami 121
kurczak z orzechami 122
Kurczak Orzechowy 123
Kurczak z kasztanowca wodnego 124
Pikantny kurczak z kasztanami wodnymi 125
ravioli z kurczakiem 127
chrupiące skrzydełka z kurczaka 128
Pięć pikantnych skrzydełek z kurczaka 129
Marynowane skrzydełka z kurczaka 130
Królewskie skrzydełka z kurczaka 132
Przyprawione Skrzydełka Z Kurczaka 134
grillowane udka z kurczaka 135
Udka Z Kurczaka Hoisin 136
smażony kurczak 137
Chrupiący smażony kurczak 138

5

Cały smażony kurczak 140
Kurczak w pięciu smakach 141
Kurczak z imbirem i szczypiorkiem 143
smażony kurczak 144
Gotowany czerwony kurczak 145
Czerwony kurczak gotowany z przyprawami 146
pieczony kurczak z sezamem 147
Sos sojowy z kurczaka 148
kurczak na parze 149
Kurczak na parze z anyżem 150
kurczak, który smakuje dziwnie 151
Chrupiące kawałki kurczaka 152
Kurczak Z Fasolką Zieloną 153
Gotowany kurczak z ananasem 154
Kurczak z papryką i pomidorami 155
Sezamowy Kurczak 156
smażony kurczak 157
Türkiye z mangetoutem 158
Indyk z papryką 160
Chiński pieczony indyk 162
Indyk z Orzechami i Pieczarkami 163
Kaczka na pędach bambusa 164
Kaczka z kiełkami fasoli 165
gulasz z kaczki 166
Kaczka na parze z selerem 167
kaczka imbirowa 168
Kaczka z fasolką szparagową 170
kaczka na parze 172
Kaczka z egzotycznymi owocami 173
Gulasz z kaczki z chińskimi liśćmi 175
pijana kaczka 176
pięć pikantnych kaczek 178
Pieczona kaczka z imbirem 179
Kaczka z szynką i porem 180
kaczka pieczona w miodzie 181
wilgotna pieczona kaczka 182

Pieczona kaczka z grzybami ... 184
Kaczka z dwoma grzybami ... 186
Gulasz z kaczki i cebuli ... 187
Kaczka z pomarańczą ... 189
Pieczona kaczka z pomarańczą ... 190
Kaczka z gruszkami i kasztanami ... 191
dziobanie kaczki ... 192
Gulasz z kaczki z ananasem ... 195
Pieczona kaczka z ananasem ... 196
Kaczka z ananasem i imbirem ... 198
Kaczka z ananasem i liczi ... 199
Kaczka z wieprzowiną i kasztanami ... 200
Kaczka Z Ziemniakami ... 201
Czerwona gotowana kaczka ... 203
Kaczka pieczona w winie ryżowym ... 204
Kaczka na parze z winem ryżowym ... 205
solona kaczka ... 206
Pikantna kaczka z fasolką szparagową ... 207
gulasz z kaczki ... 209
Pieczona kaczka ... 211
kaczka ze słodkimi ziemniakami ... 212
słodko-kwaśna kaczka ... 213

Pikantna Duszona Wieprzowina

dla 4 osób

450 g wieprzowiny pokrojonej w kostkę

sól i pieprz

30 ml / 2 łyżki sosu sojowego

30 ml / 2 łyżki. sos hoisin

45 ml / 3 łyżki oleju arachidowego

120 ml / 4 uncje / ½ szklanki wina ryżowego lub wytrawnego sherry

300 ml / ½ porcji / 1¼ szklanki bulionu z kurczaka

5 ml / 1 łyżeczka proszku pięciu przypraw

6 cebul dymki (zielona cebula), posiekanych

225 g boczniaków pokrojonych w plasterki

15 ml / 1 łyżka mąki kukurydzianej (skrobi kukurydzianej)

Mięso doprawiamy solą i pieprzem. Wyłożyć na talerz i wymieszać sos sojowy z sosem hoisin. Przykryj i pozostaw do marynowania na 1 godzinę. Rozgrzej olej i smaż mięso na złoty kolor. Dodać wino lub sherry, bulion i proszek 5 przypraw, doprowadzić do wrzenia, przykryć i gotować na wolnym ogniu przez 1 godzinę. Dodaj dymkę i grzyby, zdejmij pokrywkę i gotuj na wolnym ogniu przez kolejne 4 minuty. Skrobię kukurydzianą wymieszać z odrobiną wody, doprowadzić do wrzenia i gotować przez 3 minuty, mieszając, aż sos zgęstnieje.

bułeczki wieprzowe na parze

12 lat temu

30 ml / 2 łyżki. sos hoisin
15 ml / 1 łyżka. Sos z ostryg
15 ml / 1 łyżka sosu sojowego
2,5 ml / ½ łyżeczki oleju sezamowego
30 ml / 2 łyżki oleju arachidowego
10 ml / 2 łyżeczki startego korzenia imbiru
1 ząbek zmiażdżonego czosnku
300 ml / ½ pt / 1¼ szklanki wody
15 ml / 1 łyżka mąki kukurydzianej (skrobi kukurydzianej)
225 g gotowanej wieprzowiny, posiekanej
4 dymki (zielona cebula), posiekane
350 g / 12 uncji / 3 szklanki mąki uniwersalnej
15 ml / 1 łyżka proszku do pieczenia
2,5 ml / ½ łyżeczki soli
50 g / 2 uncje / ½ szklanki smalcu
5 ml / 1 łyżeczka octu winnego

Papier sprany 12 x 13 cm

Wymieszaj sos hoisin, ostrygowy i sojowy oraz olej sezamowy. Rozgrzej oliwę i podsmaż imbir i czosnek, aż lekko się zarumienią. Dodaj sos i smaż przez 2 minuty. Zmieszaj 120 ml / 4 uncje / ½ szklanki wody ze skrobią kukurydzianą i wmieszaj na patelnię. Doprowadzić do wrzenia, mieszając i gotować, aż mieszanina zgęstnieje. Dodać wieprzowinę i cebulę i ostudzić.

Wymieszaj mąkę, proszek do pieczenia i sól. Ugniataj smalec, aż mieszanina będzie przypominać drobną bułkę tartą. Dodajemy ocet i resztę wody, następnie dodajemy mąkę i wyrabiamy zwarte ciasto. Wyrobić na lekko oprószonym mąką blacie, przykryć i odstawić do wyrośnięcia na 20 minut.

Ciasto ponownie zagnieść, podzielić na 12 części i z każdej uformować kulę. Na posypanej mąką powierzchni roboczej rozwałkuj koła o średnicy 6/15 cm. Na środek każdego koła nałóż łyżkę nadzienia, brzegi posmaruj wodą i dociśnij brzegi, aby nadzienie było szczelne. Posmaruj olejem jedną stronę każdego kwadratu pergaminu. Każdą roladę ułożyć na kwadracie, łączeniem do dołu. Ułóż bułki w jednej warstwie na stojaku do gotowania na parze nad wrzącą wodą. Przykryj bułki i gotuj na parze przez około 20 minut, aż będą gotowe.

wieprzowina z kapustą

dla 4 osób

6 suszonych grzybów chińskich
30 ml / 2 łyżki oleju arachidowego
450 g wieprzowiny pokrojonej w paski
2 posiekane cebule
2 czerwone papryki pokrojone w paski
350 g startej białej kapusty
2 ząbki zmiażdżonego czosnku
2 łodygi imbiru, posiekane
30 ml / 2 łyżki miodu
45 ml / 3 łyżki sosu sojowego
120 ml / 4 uncje / ½ szklanki wytrawnego białego wina
sól i pieprz
10 ml / 2 łyżeczki mąki kukurydzianej (skrobi kukurydzianej)
15 ml / 1 łyżka wody

Grzyby namoczyć w letniej wodzie na 30 minut i odcedzić. Odrzuć łodygi i odetnij wierzchołki. Rozgrzej olej i smaż wieprzowinę, aż będzie lekko rumiana. Dodaj warzywa, czosnek i imbir i smaż przez 1 minutę. Dodać miód, sos sojowy i wino, doprowadzić do wrzenia, przykryć i gotować na wolnym ogniu przez 40 minut, aż mięso będzie miękkie. Doprawić solą i pieprzem. Połączyć mąkę kukurydzianą z wodą i wymieszać w rondlu. Doprowadzić do wrzenia, ciągle mieszając, następnie gotować przez 1 minutę.

Wieprzowina z kapustą i pomidorami

dla 4 osób

30 ml / 2 łyżki oleju arachidowego
450 g chudej wieprzowiny pokrojonej w plasterki
sól i świeżo zmielony pieprz
1 ząbek zmiażdżonego czosnku
1 cebula, drobno posiekana
½ kapusty, startej
450 g pomidorów, obranych i pokrojonych na ćwiartki
250 ml / 8 uncji płynu / 1 szklanka bulionu
30 ml / 2 łyżki mąki kukurydzianej (skrobi kukurydzianej)
15 ml / 1 łyżka sosu sojowego
60 ml / 4 łyżki wody

Rozgrzej oliwę i podsmaż wieprzowinę z solą, pieprzem, czosnkiem i cebulą, aż się lekko zrumieni. Dodać kapustę, pomidory i bulion, zagotować, przykryć i gotować 10 minut, aż kapusta będzie miękka. Mąkę kukurydzianą, sos sojowy i wodę wymieszać na pastę, wymieszać w rondlu i gotować, mieszając, aż sos będzie klarowny i gęsty.

Marynowana wieprzowina z kapustą

dla 4 osób

350 g pancetty

2 cebule dymki (zielona cebula), posiekane

1 plasterek korzenia imbiru, posiekany

1 laska cynamonu

3 strąki anyżu gwiazdkowatego

45 ml / 3 łyżki brązowego cukru

600 ml / 1 pkt / 2½ szklanki wody

15 ml / 1 łyżka oleju arachidowego

15 ml / 1 łyżka sosu sojowego

5 ml / 1 łyżeczka przecieru pomidorowego (pasty)

5 ml / 1 łyżeczka sosu ostrygowego

100 g bok choy w kształcie serca

100g Paku Choi

Wieprzowinę pokroić na kawałki o wielkości 10/4 cm i włożyć do miski. Dodać dymkę, imbir, cynamon, anyż gwiazdkowaty, cukier i wodę i odstawić na 40 minut. Rozgrzej olej, wyjmij wieprzowinę z marynaty i włóż ją na patelnię. Lekko podsmaż na złoty kolor, następnie dodaj sos sojowy, przecier pomidorowy i sos ostrygowy. Doprowadzić do wrzenia i gotować, aż wieprzowina będzie ugotowana, a płyn się zredukuje, około 30 minut, dodając trochę wody w razie potrzeby podczas gotowania.

W międzyczasie ugotuj serca kapusty i bok choi we wrzącej wodzie przez około 10 minut, aż będą ugotowane. Połóż na rozgrzanym talerzu, posyp wieprzowiną i polej sosem.

Wieprzowina Z Selerem

dla 4 osób

45 ml / 3 łyżki oleju arachidowego

1 ząbek zmiażdżonego czosnku

1 cebula dymka, posiekana

1 plasterek korzenia imbiru, posiekany

225 g chudej wieprzowiny, pokrojonej w paski

100 g selera, pokrojonego w cienkie plasterki

45 ml / 3 łyżki sosu sojowego

15 ml / 1 łyżka wina ryżowego lub wytrawnego sherry

5 ml / 1 łyżeczka mąki kukurydzianej (skrobi kukurydzianej)

Rozgrzej oliwę i podsmaż czosnek, dymkę i imbir, aż się lekko zrumienią. Dodaj wieprzowinę i smaż przez 10 minut, aż się zarumieni. Dodaj seler i smaż przez 3 minuty. Dodać pozostałe składniki i smażyć przez 3 minuty.

Wieprzowina z kasztanami i grzybami

dla 4 osób

4 suszone grzyby chińskie
100 g / 4 uncje / 1 szklanka kasztanów
30 ml / 2 łyżki oleju arachidowego
2,5 ml / ½ łyżeczki soli
450 g chudej wieprzowiny pokrojonej w kostkę
15 ml / 1 łyżka sosu sojowego
375 ml / 13 uncji / 1½ szklanki bulionu z kurczaka
100 g posiekanych kasztanów wodnych

Grzyby namoczyć w letniej wodzie na 30 minut i odcedzić. Odrzuć łodygi, a wierzchołki przekrój na pół. Kasztany gotujemy 1 minutę we wrzącej wodzie, odcedzamy. Rozgrzać olej i sól, następnie smażyć wieprzowinę, aż się lekko zrumieni. Dodaj sos sojowy i smaż przez 1 minutę. Dodać sos i doprowadzić do wrzenia. Dodać kasztany i kasztany wodne, ponownie zagotować, przykryć i dusić około 1,5 godziny, aż mięso będzie miękkie.

Kotlet schabowy Suey

dla 4 osób

100 g pędów bambusa pokrojonych w paski
100 g kasztanów wodnych, pokrojonych w cienkie plasterki
60 ml / 4 łyżki oleju arachidowego
3 cebule dymki (zielona cebula), posiekane
2 ząbki czosnku, posiekane
1 plasterek korzenia imbiru, posiekany
225 g chudej wieprzowiny, pokrojonej w paski
45 ml / 3 łyżki sosu sojowego
15 ml / 1 łyżka wina ryżowego lub wytrawnego sherry
5 ml / 1 łyżeczka soli
5 ml / 1 łyżeczka cukru
świeżo zmielony pieprz
15 ml / 1 łyżka mąki kukurydzianej (skrobi kukurydzianej)

Blanszuj pędy bambusa i kasztany we wrzącej wodzie przez 2 minuty, odcedź i osusz. Rozgrzać 45 ml / 3 łyżki oleju i podsmażyć dymkę, czosnek i imbir na lekko złoty kolor. Dodaj wieprzowinę i smaż przez 4 minuty. Wyjąć z formy.

Rozgrzać resztę oleju i smażyć warzywa przez 3 minuty. Dodać wieprzowinę, sos sojowy, wino lub sherry, sól, cukier i szczyptę pieprzu i gotować przez 4 minuty. Skrobię kukurydzianą wymieszać z odrobiną wody, wymieszać w rondelku i gotować, mieszając, aż sos stanie się klarowny i zgęstnieje.

Wieprzowina Chow Mein

dla 4 osób

4 suszone grzyby chińskie

30 ml / 2 łyżki oleju arachidowego

2,5 ml / ½ łyżeczki soli

4 dymki (zielona cebula), posiekane

225 g chudej wieprzowiny, pokrojonej w paski

15 ml / 1 łyżka sosu sojowego

5 ml / 1 łyżeczka cukru

3 łodygi selera, posiekane

1 cebula, pokrojona w plasterki

100 g grzybów przekrojonych na pół

120 ml / 4 uncje / ½ szklanki bulionu z kurczaka

Smażony makaron

Grzyby namoczyć w letniej wodzie na 30 minut i odcedzić. Odrzuć łodygi i odetnij wierzchołki. Rozgrzej oliwę i sól, podsmaż cebulę, aż będzie miękka. Dodać wieprzowinę i smażyć do lekkiego zrumienienia. Wymieszaj sos sojowy, cukier, seler, cebulę oraz świeże i suszone grzyby i gotuj przez około 4 minuty, aż składniki się dobrze połączą. Dodaj sos i gotuj przez 3 minuty. Dodaj połowę makaronu na patelnię i delikatnie wymieszaj, następnie dodaj pozostały makaron i mieszaj, aż się rozgrzeje.

Pieczona Wieprzowina Chow Mein

dla 4 osób

100 g kiełków fasoli

45 ml / 3 łyżki oleju arachidowego

100 g startego bok choy

225 g pieczonej wieprzowiny pokrojonej w plasterki

5 ml / 1 łyżeczka soli

15 ml / 1 łyżka wina ryżowego lub wytrawnego sherry

Kiełki fasoli gotuj we wrzącej wodzie przez 4 minuty, odcedź. Rozgrzać olej i smażyć kiełki fasoli i kapustę do miękkości. Dodaj wieprzowinę, sól i sherry i gotuj, aż się rozgrzeje. Na patelnię wrzucamy połowę odcedzonego makaronu i delikatnie mieszamy, aż się rozgrzeje. Dodaj pozostały makaron i mieszaj, aż się rozgrzeje.

chutney wieprzowy

dla 4 osób

5 ml / 1 łyżeczka proszku pięciu przypraw
5 ml / 1 łyżeczka curry w proszku
450 g wieprzowiny pokrojonej w paski
30 ml / 2 łyżki oleju arachidowego
6 cebul dymki (zielonej cebuli), pokrojonych w paski
1 łodyga selera pokrojona w paski
100 g kiełków fasoli
Słoik 1200 g pokrojonych w kostkę marynat chińskich
45 ml / 3 łyżki. Chutney z mango
30 ml / 2 łyżki sosu sojowego
30 ml / 2 łyżki przecieru pomidorowego (pasty)
150 ml / ¼ części / obfite ½ szklanki bulionu z kurczaka
10 ml / 2 łyżeczki mąki kukurydzianej (skrobi kukurydzianej)

Przyprawy dokładnie wetrzyj w mięso. Rozgrzej olej i smaż mięso przez 8 minut lub do momentu, aż będzie ugotowane. Wyjąć z formy. Dodaj warzywa na patelnię i smaż przez 5 minut. Włóż wieprzowinę z powrotem na patelnię ze wszystkimi pozostałymi składnikami z wyjątkiem mąki kukurydzianej. Mieszaj, aż będzie bardzo gorąco. Kaszę kukurydzianą wymieszać z odrobiną wody, wymieszać w rondelku i gotować na małym ogniu, mieszając, aż sos zgęstnieje.

Wieprzowina z ogórkiem

dla 4 osób

225 g chudej wieprzowiny, pokrojonej w paski
30 ml / 2 łyżki. mąka uniwersalna
sól i świeżo zmielony pieprz
60 ml / 4 łyżki oleju arachidowego
225 g obranego i pokrojonego w plasterki ogórka
30 ml / 2 łyżki sosu sojowego

Mięso wymieszać z mąką, doprawić solą i pieprzem. Rozgrzej olej i smaż wieprzowinę przez około 5 minut, aż się zetnie. Dodaj ogórek i sos sojowy i gotuj przez kolejne 4 minuty. Sprawdź i dopraw do smaku i podawaj ze smażonym ryżem.

chrupiące saszetki wieprzowe

dla 4 osób

4 suszone grzyby chińskie

30 ml / 2 łyżki oleju arachidowego

225 g mielonego filetu wieprzowego (mielonego)

50 g obranych i posiekanych krewetek

15 ml / 1 łyżka sosu sojowego

15 ml / 1 łyżka mąki kukurydzianej (skrobi kukurydzianej)

30 ml / 2 łyżki wody

8 sajgonek

100 g / 4 uncje / 1 szklanka mąki kukurydzianej (mąki kukurydzianej)

olej do smażenia

Grzyby namoczyć w letniej wodzie na 30 minut i odcedzić. Odrzuć łodygi i drobno je posiekaj. Rozgrzać olej i smażyć grzyby, wieprzowinę, krewetki i sos sojowy przez 2 minuty. Do ciasta dodać mąkę kukurydzianą i wodę, a następnie wymieszać i przygotować nadzienie.

Makaron pokroić w paski, na koniec każdego nałożyć odrobinę nadzienia i zwinąć w trójkąt, posmarowując odrobiną mąki i wody. Posypać obficie mąką kukurydzianą. Rozgrzej olej i smaż trójkąty, aż będą chrupiące i złociste. Dobrze odcedź przed podaniem.

bułki wieprzowe i jajeczne

dla 4 osób

225 g chudej wieprzowiny, posiekanej
1 plasterek korzenia imbiru, posiekany
1 posiekana cebula dymka
15 ml / 1 łyżka sosu sojowego
15 ml / 1 łyżka wody
12 arkuszy sajgonek
1 ubite jajko
olej do smażenia

Połącz wieprzowinę, imbir, cebulę, sos sojowy i wodę. Na środek każdego ciasta nałóż odrobinę nadzienia, a brzegi posmaruj roztrzepanym jajkiem. Złóż krawędzie, następnie odsuń bułkę od siebie i sklej krawędzie jajkiem. Gotuj na grillu przez 30 minut, aż wieprzowina będzie ugotowana. Rozgrzej olej i smaż przez kilka minut, aż będą chrupiące i złociste.

Roladki z jajek wieprzowych i krewetek

dla 4 osób

30 ml / 2 łyżki oleju arachidowego
225 g chudej wieprzowiny, posiekanej
6 cebul dymki (zielona cebula), posiekanych
225 g kiełków fasoli
100 g obranych krewetek, posiekanych
15 ml / 1 łyżka sosu sojowego
2,5 ml / ½ łyżeczki soli
12 arkuszy sajgonek
1 ubite jajko
olej do smażenia

Rozgrzej olej i podsmaż wieprzowinę i cebulę, aż się lekko zrumienią. W międzyczasie blanszuj kiełki fasoli we wrzącej wodzie przez 2 minuty, a następnie odcedź. Na patelnię dodaj kiełki fasoli i smaż przez 1 minutę. Dodaj krewetki, sos sojowy i sól i smaż przez 2 minuty. Fajny.

Na środek każdego ciasta nałóż odrobinę nadzienia, a brzegi posmaruj roztrzepanym jajkiem. Złożyć brzegi, następnie zwinąć sajgonki i skleić brzegi jajkiem. Rozgrzej olej i smaż sajgonki, aż będą chrupiące i złociste.

Wolno gotowane jajko wieprzowe

dla 4 osób

450 g chudej wieprzowiny
30 ml / 2 łyżki oleju arachidowego
1 posiekana cebula
90 ml / 6 łyżek sosu sojowego
45 ml / 3 łyżki. łyżka wina ryżowego lub wytrawnego sherry
15 ml / 1 łyżka brązowego cukru
3 jajka na twardo (na miękko)

W rondlu zagotuj wodę, dodaj wieprzowinę, zagotuj i gotuj, aż będzie ugotowana. Zdjąć z patelni, dobrze odsączyć i pokroić w kostkę. Rozgrzej olej i smaż cebulę, aż będzie przezroczysta. Dodać wieprzowinę i smażyć do lekkiego zrumienienia. Dodać sos sojowy, wino lub sherry i cukier, przykryć i dusić przez 30 minut, od czasu do czasu mieszając. Jajka delikatnie przekrój z zewnątrz, włóż na patelnię, przykryj i gotuj na wolnym ogniu przez kolejne 30 minut.

ognista świnia

dla 4 osób

450 g filetu wieprzowego pokrojonego w paski
30 ml / 2 łyżki sosu sojowego
30 ml / 2 łyżki. sos hoisin
5 ml / 1 łyżeczka proszku pięciu przypraw
15 ml / 1 łyżka pieprzu
15 ml / 1 łyżka brązowego cukru
15 ml / 1 łyżka oleju sezamowego
30 ml / 2 łyżki oleju arachidowego
6 cebul dymki (zielona cebula), posiekanych
1 zielona papryka pokrojona na kawałki
200 g kiełków fasoli
2 plasterki ananasa, pokrojone w kostkę
45 ml / 3 łyżki sosu pomidorowego (ketchupu)
150 ml / ¼ części / obfite ½ szklanki bulionu z kurczaka

Umieść mięso w misce. Wymieszaj sos sojowy, sos hoisin, proszek pięciu przypraw, pieprz i cukier, polej mięso i pozostaw do marynowania na 1 godzinę. Rozgrzewamy oleje i smażymy mięso na złoty kolor. Wyjąć z formy. Dodaj warzywa i smaż przez 2 minuty. Dodać ananasa, ketchup i bulion i doprowadzić do wrzenia. Mięso włóż ponownie na patelnię i podgrzej przed podaniem.

smażona polędwiczka wieprzowa

dla 4 osób
350 g filetu wieprzowego pokrojonego w kostkę
15 ml / 1 łyżka wina ryżowego lub wytrawnego sherry
15 ml / 1 łyżka sosu sojowego
5 ml / 1 łyżeczka oleju sezamowego
30 ml / 2 łyżki mąki kukurydzianej (skrobi kukurydzianej)
olej do smażenia

Wymieszaj wieprzowinę, wino lub sherry, sos sojowy, olej sezamowy i skrobię kukurydzianą, aż wieprzowina pokryje się gęstą pastą. Rozgrzej olej i smaż wieprzowinę przez około 3 minuty, aż będzie chrupiąca. Zdjąć wieprzowinę z patelni, ponownie rozgrzać olej i smażyć około 3 minuty.

Pięć smaków wieprzowiny

dla 4 osób

225 g chudej wieprzowiny
5 ml / 1 łyżeczka mąki kukurydzianej (skrobi kukurydzianej)
2,5 ml / ½ łyżeczki proszku pięciu przypraw
2,5 ml / ½ łyżeczki soli
15 ml / 1 łyżka wina ryżowego lub wytrawnego sherry
20 ml / 2 łyżki oleju arachidowego
120 ml / 4 uncje / ½ szklanki bulionu z kurczaka

Pokrój wieprzowinę w poprzek włókien. Wymieszaj wieprzowinę z mąką kukurydzianą, proszkiem pięciu przypraw, solą i winem lub sherry i dobrze wymieszaj, aby wieprzowina pokryła się nią. Pozostawić na 30 minut, od czasu do czasu mieszając. Rozgrzej olej, dodaj wieprzowinę i smaż przez około 3 minuty. Dodać bulion, doprowadzić do wrzenia, przykryć i gotować 3 minuty. Natychmiast podawaj.

Pachnąca pieczeń wieprzowa

Dla 6 do 8 osób

1 kawałek skórki mandarynki

45 ml / 3 łyżki oleju arachidowego

900 g chudej wieprzowiny pokrojonej w kostkę

250 ml / 8 uncji / 1 szklanka wina ryżowego lub wytrawnego sherry

120 ml / 4 uncje / ½ szklanki sosu sojowego

2,5 ml / ½ łyżeczki anyżu w proszku

½ laski cynamonu

4 zęby

5 ml / 1 łyżeczka soli

250 ml / 8 uncji płynu / 1 szklanka wody

2 cebule dymki (zielona cebula), pokrojone w plasterki

1 plasterek korzenia imbiru, posiekany

Podczas gotowania namocz skórkę mandarynki w wodzie. Rozgrzej olej i smaż wieprzowinę, aż będzie lekko rumiana. Dodać wino lub sherry, sos sojowy, anyż, cynamon, goździki, sól i wodę. Doprowadzić do wrzenia, dodać skórkę mandarynki, dymkę i imbir. Przykryj pokrywką i gotuj przez około 1,5 godziny, aż będzie ugotowane, od czasu do czasu mieszając i w razie potrzeby dodając odrobinę wrzącej wody. Przed podaniem usuń przyprawy.

Mielona wieprzowina z czosnkiem

dla 4 osób

450 g boczku wieprzowego bez skóry
3 plasterki korzenia imbiru
2 cebule dymki (zielona cebula), posiekane
30 ml / 2 łyżki mielonego czosnku
30 ml / 2 łyżki sosu sojowego
5 ml / 1 łyżeczka soli
15 ml / 1 łyżka bulionu z kurczaka
2,5 ml / ½ łyżeczki oleju chili
4 gałązki kolendry

Mięso wieprzowe włożyć do rondla z imbirem i dymką, zalać wodą, doprowadzić do wrzenia i gotować przez 30 minut, aż będzie miękkie. Wyjmij i dobrze odsącz, a następnie pokrój w cienkie plasterki o długości około 5 cm. Umieść plasterki w metalowym durszlaku. Zagotuj wodę, dodaj kawałki wieprzowiny i gotuj przez 3 minuty, aż się zarumienią. Połóż na ciepłym talerzu. Wymieszaj czosnek, sos sojowy, sól, sos i olej chili i polej wieprzowinę. Podawać udekorowane kolendrą.

Pieczona Wieprzowina Z Imbirem

dla 4 osób

225 g chudej wieprzowiny
5 ml / 1 łyżeczka mąki kukurydzianej (skrobi kukurydzianej)
30 ml / 2 łyżki sosu sojowego
30 ml / 2 łyżki oleju arachidowego
1 plasterek korzenia imbiru, posiekany
1 cebula dymka (cebula), pokrojona w plasterki
45 ml / 3 łyżki wody
5 ml / 1 łyżeczka brązowego cukru

Pokrój wieprzowinę w poprzek włókien. Dodać mąkę kukurydzianą, skropić sosem sojowym i ponownie wymieszać. Rozgrzej olej i smaż wieprzowinę przez 2 minuty, aż będzie ugotowana. Dodaj imbir i szczypiorek i smaż przez 1 minutę. Dodaj wodę i cukier, przykryj i gotuj na wolnym ogniu przez około 5 minut, aż zmiękną.

Wieprzowina Z Fasolką szparagową

dla 4 osób

450 g / 1 kilogram fasolki szparagowej, pokrojonej na kawałki
30 ml / 2 łyżki oleju arachidowego
2,5 ml / ½ łyżeczki soli
1 plasterek korzenia imbiru, posiekany
225 g chudej wieprzowiny, posiekanej (mielonej)
120 ml / 4 uncje / ½ szklanki bulionu z kurczaka
75 ml / 5 łyżek wody
2 jajka
15 ml / 1 łyżka mąki kukurydzianej (skrobi kukurydzianej)

Gotuj fasolę przez około 2 minuty, a następnie odcedź ją. Rozgrzej olej i podsmaż sól i imbir przez kilka sekund. Dodać wieprzowinę i smażyć do lekkiego zrumienienia. Dodaj fasolę i smaż przez 30 sekund, pod przykryciem oleju. Dodać bulion, doprowadzić do wrzenia, przykryć i gotować 2 minuty. Jajka ubić z 30 ml / 2 łyżkami wody i ubić w rondlu. Resztę wody wymieszaj ze skrobią kukurydzianą. Gdy jajka zaczną się zetknąć, dodaj mąkę kukurydzianą i gotuj, aż mieszanina zgęstnieje. Natychmiast podawaj.

Szynka wieprzowa i tofu

dla 4 osób

4 suszone grzyby chińskie
5 ml / 1 łyżeczka oleju z masła orzechowego
100 g szynki wędzonej, pokrojonej w plasterki
225 g tofu, pokrojonego w plasterki
225 g chudej wieprzowiny pokrojonej w plasterki
15 ml / 1 łyżka wina ryżowego lub wytrawnego sherry
sól i świeżo zmielony pieprz
1 plasterek korzenia imbiru, posiekany
1 cebula dymka, posiekana
10 ml / 2 łyżeczki mąki kukurydzianej (skrobi kukurydzianej)
30 ml / 2 łyżki wody

Grzyby namoczyć w letniej wodzie na 30 minut i odcedzić. Odrzuć łodygi, a wierzchołki przekrój na pół. Nasmaruj naczynie do pieczenia olejem arachidowym. Na talerzu ułożyć grzyby, szynkę, tofu i wieprzowinę, a na wierzchu wieprzowinę. Skropić winem lub sherry, solą i pieprzem, imbirem i dymką. Przykryj i gotuj na ruszcie nad wrzącą wodą przez około 45 minut, aż będą miękkie. Sos odcedź z miski, nie mieszając składników. Dodaj tyle wody, aby uzyskać 250 ml / 8 uncji / 1 filiżankę. Mąkę kukurydzianą mieszamy z wodą i dodajemy do sosu. Przełożyć do miski i gotować, mieszając, aż sos stanie się blady i zgęstnieje.

Smażone szaszłyki wieprzowe

dla 4 osób

450 g / 1 kilogram polędwicy wieprzowej, pokrojonej w cienkie plasterki
100 g gotowanej szynki, pokrojonej w cienkie plasterki
6 kasztanów wodnych, pokrojonych w cienkie plasterki
30 ml / 2 łyżki sosu sojowego
30 ml / 2 łyżki octu winnego
15 ml / 1 łyżka brązowego cukru
15 ml / 1 łyżka. Sos z ostryg
kilka kropli olejku chili
45 ml / 3 łyżki mąki kukurydzianej (skrobi kukurydzianej)
30 ml / 2 łyżki wina ryżowego lub wytrawnego sherry
2 ubite jajka
olej do smażenia

Na małe patyczki do szaszłyków nabijaj na przemian wieprzowinę, szynkę i kasztany wodne. Wymieszaj sos sojowy, ocet, cukier, sos ostrygowy i olej chili. Nałożyć na szaszłyki, przykryć i marynować w lodówce przez 3 godziny.

Wymieszaj mąkę kukurydzianą, wino lub sherry i jajka, aby uzyskać gładką, gęstą pastę. Obróć szaszłyki w cieście, aby dobrze je pokryły. Rozgrzej olej i lekko smaż szaszłyki na złoty kolor.

Gicz wieprzowa duszona w czerwonym sosie

dla 4 osób

1 duży staw
1 L / 1½ punktu / 4¼ szklanki wrzącej wody
5 ml / 1 łyżeczka soli
120 ml / 4 uncje / ½ szklanki octu winnego
120 ml / 4 uncje / ½ szklanki sosu sojowego
45 ml / 3 łyżki miodu
5 ml / 1 łyżeczka jagód jałowca
5 ml / 1 łyżeczka anyżu
5 ml / 1 łyżeczka kolendry
60 ml / 4 łyżki oleju arachidowego
6 dymek (zielona cebula), pokrojonych w plasterki
2 marchewki, pokrojone w cienkie plasterki
1 łodyga selera, pokrojona w plasterki
45 ml / 3 łyżki. sos hoisin
30 ml / 2 łyżki. Chutney z mango

75 ml / 5 łyżek przecieru pomidorowego (pasty)
1 ząbek zmiażdżonego czosnku
60 ml / 4 łyżki posiekanego szczypiorku

Gicz ugotować z wodą, solą i octem winnym, 45 ml/3 łyżki. łyżka sosu sojowego, miodu i przypraw. Dodać warzywa, ponownie zagotować, przykryć i dusić około 1,5 godziny, aż mięso będzie miękkie. Zdejmij mięso i warzywa z patelni, mięso oddziel od kości i pokrój w kostkę. Rozgrzej olej i smaż mięso na złoty kolor. Dodaj warzywa i smaż przez 5 minut. Dodać pozostały sos sojowy, sos hoisin, chutney, przecier pomidorowy i czosnek. Doprowadzić do wrzenia, wymieszać i gotować przez 3 minuty. Podawać posypane szczypiorkiem.

marynowana wieprzowina

dla 4 osób

450 g chudej wieprzowiny
1 plasterek korzenia imbiru, posiekany
1 ząbek zmiażdżonego czosnku
90 ml / 6 łyżek sosu sojowego
15 ml / 1 łyżka wina ryżowego lub wytrawnego sherry
45 ml / 3 łyżki oleju arachidowego
1 cebula dymka (cebula), pokrojona w plasterki
15 ml / 1 łyżka brązowego cukru
świeżo zmielony pieprz

Mieszanka wieprzowa z imbirem, czosnkiem, 30 ml / 2 łyżki. sos sojowy i wino lub sherry. Odstawić na 30 minut, od czasu do czasu mieszając, po czym wyjąć mięso z marynaty. Rozgrzej olej i smaż wieprzowinę, aż będzie lekko rumiana. Dodać dymkę, cukier, pozostały sos sojowy i szczyptę papryki, przykryć i dusić przez około 45 minut, aż wieprzowina będzie miękka. Mięso pokroić w kostkę i podawać.

Marynowane kotlety wieprzowe

dla 6

6 kotletów schabowych
1 plasterek korzenia imbiru, posiekany
1 ząbek zmiażdżonego czosnku
90 ml / 6 łyżek sosu sojowego
30 ml / 2 łyżki wina ryżowego lub wytrawnego sherry
45 ml / 3 łyżki oleju arachidowego
2 cebule dymki (zielona cebula), posiekane
15 ml / 1 łyżka brązowego cukru
świeżo zmielony pieprz

Z kotleta schabowego odetnij kość, a mięso pokrój w kostkę. Wymieszaj imbir, czosnek, 30ml/2 łyżki sosu sojowego i wino lub sherry, polej wieprzowinę i pozostaw do marynowania na 30 minut, od czasu do czasu mieszając. Wyjmij mięso z marynaty. Rozgrzej olej i smaż wieprzowinę, aż będzie lekko rumiana. Dodać cebulę i smażyć przez 1 minutę. Resztę sosu sojowego wymieszaj z cukrem i szczyptą pieprzu. Dodać sos, doprowadzić do wrzenia, przykryć i dusić około 30 minut, aż wieprzowina będzie ugotowana.

Wieprzowina Z Pieczarkami

dla 4 osób

25 g suszonych grzybów chińskich
30 ml / 2 łyżki oleju arachidowego
1 ząbek czosnku, drobno posiekany
225 g chudej wieprzowiny pokrojonej w plasterki
4 dymki (zielona cebula), posiekane
15 ml / 1 łyżka sosu sojowego
15 ml / 1 łyżka wina ryżowego lub wytrawnego sherry
5 ml / 1 łyżeczka oleju sezamowego

Grzyby namoczyć w letniej wodzie na 30 minut i odcedzić. Odrzuć łodygi i odetnij wierzchołki. Rozgrzej oliwę i delikatnie podsmaż czosnek na złoty kolor. Dodaj wieprzowinę i smaż, aż się zrumieni. Dodaj dymkę, grzyby, sos sojowy i wino lub sherry i gotuj przez 3 minuty. Dodaj olej sezamowy i natychmiast podawaj.

mięso mielone na parze

dla 4 osób

450 g mielonej wieprzowiny (mielonej)
4 posiekane kasztany wodne
225 g posiekanych grzybów
5 ml / 1 łyżeczka sosu sojowego
sól i świeżo zmielony pieprz
1 lekko ubite jajko

Wszystkie składniki dobrze wymieszać i uformować pasztecik w naczyniu do zapiekania. Postaw miskę na grillu parowym, przykryj i gotuj na parze przez 1h30.

Gotowana na czerwono wieprzowina z grzybami

dla 4 osób

450 g chudej wieprzowiny pokrojonej w kostkę
250 ml / 8 uncji płynu / 1 szklanka wody
15 ml / 1 łyżka sosu sojowego
15 ml / 1 łyżka wina ryżowego lub wytrawnego sherry
5 ml / 1 łyżeczka cukru
5 ml / 1 łyżeczka soli
225 g grzybów

Włóż wieprzowinę i wodę do rondla i zagotuj wodę. Przykryj i gotuj przez 30 minut, następnie odcedź i zachowaj bulion. Włóż wieprzowinę z powrotem na patelnię i dodaj sos sojowy. Gotuj na małym ogniu, mieszając, aż sos sojowy się wchłonie. Dodać wino lub sherry, cukier i sól. Dodać zarezerwowany sos, doprowadzić do wrzenia, przykryć i dusić około 30 minut, od czasu do czasu obracając mięso. Dodać grzyby i dusić kolejne 20 minut.

Naleśnik wieprzowy z makaronem

dla 4 osób

30 ml / 2 łyżki oleju arachidowego

5 ml / 2 łyżeczki soli

225 g chudej wieprzowiny, pokrojonej w paski

225 g bok choy, posiekanego

100 g posiekanych pędów bambusa

100 g grzybów, pokrojonych w cienkie plasterki

150 ml / ¼ części / obfite ½ szklanki bulionu z kurczaka

10 ml / 2 łyżeczki mąki kukurydzianej (skrobi kukurydzianej)

15 ml / 1 łyżka wina ryżowego lub wytrawnego sherry

15 ml / 1 łyżka wody

Naleśniki makaronowe

Rozgrzej olej i podsmaż sól i wieprzowinę na biało. Dodaj kapustę, pędy bambusa i grzyby i smaż przez 1 minutę. Dodajemy bulion, doprowadzamy do wrzenia, przykrywamy i gotujemy 4 minuty, aż wieprzowina będzie miękka. Kaszę kukurydzianą ubić na pastę z winem lub sherry i wodą, przelać do rondla i gotować, mieszając, aż sos będzie klarowny i zgęstniały. Polać makaronem naleśnikowym i podawać.

wieprzowina i krewetki z makaronem naleśnikowym

dla 4 osób

30 ml / 2 łyżki oleju arachidowego
5 ml / 1 łyżeczka soli
4 dymki (zielona cebula), posiekane
1 ząbek zmiażdżonego czosnku
225 g chudej wieprzowiny, pokrojonej w paski
100g pokrojonych w plasterki grzybów
4 łodygi selera, pokrojone w plasterki
225 g obranych krewetek
30 ml / 2 łyżki sosu sojowego
10 ml / 1 łyżeczka mąki kukurydzianej (skrobi kukurydzianej)
45 ml / 3 łyżki wody
Naleśniki makaronowe

Rozgrzej oliwę i sól, podsmaż cebulę i czosnek, aż będą przezroczyste. Dodać wieprzowinę i smażyć do lekkiego zrumienienia. Dodaj grzyby i seler i smaż przez 2 minuty. Dodaj krewetki, skrop sosem sojowym i mieszaj, aż się podgrzeją. Zmieszaj mąkę kukurydzianą i wodę na pastę, zamieszaj w rondlu i gotuj, mieszając, aż będzie gorąca. Polać makaronem naleśnikowym i podawać.

Wieprzowina z sosem ostrygowym

Na 4 do 6 porcji

450 g chudej wieprzowiny

15 ml / 1 łyżka mąki kukurydzianej (skrobi kukurydzianej)

10 ml / 2 łyżki. wino ryżowe lub wytrawne sherry

szczypta cukru

45 ml / 3 łyżki oleju arachidowego

10 ml / 2 łyżeczki wody

30 ml / 2 łyżki sosu ostrygowego

świeżo zmielony pieprz

1 plasterek korzenia imbiru, posiekany

60 ml / 4 łyżki bulionu z kurczaka

Pokrój wieprzowinę w poprzek włókien. Wymieszać 5 ml/1 łyżka. owsianka kukurydziana z winem lub sherry, cukrem i 5 ml / 1 łyżka. olej, dodać do wieprzowiny i dobrze wymieszać. Pozostałą skrobię kukurydzianą wymieszaj z wodą, sosem ostrygowym i szczyptą pieprzu. Rozgrzać resztę oleju i smażyć imbir przez 1 minutę. Dodać wieprzowinę i smażyć do lekkiego zrumienienia. Dodać bulion i wodę/sos ostrygowy, zagotować, przykryć i gotować 3 minuty.

wieprzowina orzechowa

dla 4 osób

450 g chudej wieprzowiny pokrojonej w kostkę
15 ml / 1 łyżka mąki kukurydzianej (skrobi kukurydzianej)
5 ml / 1 łyżeczka soli
1 białko jaja
3 cebule dymki (zielona cebula), posiekane
1 ząbek czosnku, drobno posiekany
1 plasterek korzenia imbiru, posiekany
45 ml / 3 łyżki bulionu z kurczaka
15 ml / 1 łyżka wina ryżowego lub wytrawnego sherry
15 ml / 1 łyżka sosu sojowego
10 ml / 2 łyżeczki czarnej melasy
45 ml / 3 łyżki oleju arachidowego
½ ogórka, pokrojonego w kostkę
25 g / 1 uncja / ¼ szklanki orzeszków ziemnych łuskanych
5 ml / 1 łyżeczka oleju chili

Wymieszaj wieprzowinę z połową mąki kukurydzianej, solą i białkiem jaja i dobrze wymieszaj, aby pokryć wieprzowinę. Wymieszaj pozostałą mąkę kukurydzianą z dymką, czosnkiem, imbirem, bulionem, winem lub sherry, sosem sojowym i melasą. Rozgrzać olej i smażyć wieprzowinę do lekkiego zrumienienia, następnie zdjąć z patelni. Na patelnię dodać ogórek i smażyć kilka minut. Włóż wieprzowinę z powrotem na patelnię i delikatnie wymieszaj. Dodać mieszankę przypraw, doprowadzić do wrzenia i gotować, mieszając, aż sos będzie jasny i gęsty. Dodaj orzechy i olej chili i podgrzej przed podaniem.

Wieprzowina Z Papryką

dla 4 osób

45 ml / 3 łyżki oleju arachidowego
225 g chudej wieprzowiny pokrojonej w kostkę
1 cebula, pokrojona w kostkę
2 zielone papryki, pokrojone w kostkę
½ szklanki chińskich liści pokrojonych w kostkę
1 plasterek korzenia imbiru, posiekany
15 ml / 1 łyżka sosu sojowego
15 ml / 1 łyżka cukru
2,5 ml / ½ łyżeczki soli

Rozgrzej olej i smaż wieprzowinę przez około 4 minuty, aż uzyska złoty kolor. Dodać cebulę i smażyć przez około 1 minutę. Dodaj paprykę i smaż przez 1 minutę. Dodaj liście chińskie i smaż przez 1 minutę. Pozostałe składniki wymieszać, wlać na patelnię i smażyć kolejne 2 minuty.

Pikantna wieprzowina z piklami

dla 4 osób

900 g kotletów schabowych
30 ml / 2 łyżki mąki kukurydzianej (skrobi kukurydzianej)
45 ml / 3 łyżki sosu sojowego
30 ml / 2 łyżki słodkiego sherry
5 ml / 1 łyżeczka startego korzenia imbiru
2,5 ml / ½ łyżeczki proszku pięciu przypraw
szczypta świeżo zmielonego pieprzu
olej do smażenia
60 ml / 4 łyżki bulionu z kurczaka
Chińskie marynowane warzywa

Kotlety pokroić, usunąć cały tłuszcz i kości Wymieszaj mąkę kukurydzianą, 30 ml/2 łyżki sosu sojowego, sherry, imbir, pięć przypraw w proszku i pieprz. Wlać wieprzowinę i obrócić do panierowania. Przykryj i pozostaw do marynowania na 2 godziny, od czasu do czasu obracając. Rozgrzej olej i smaż wieprzowinę, aż będzie rumiana i ugotowana. Odsączyć na ręcznikach papierowych. Wieprzowinę pokroić w grube plastry, położyć na ciepłym talerzu i trzymać w cieple. Połącz bulion i pozostały sos sojowy w małym rondlu. Doprowadź do wrzenia i polej plastry wieprzowiny. Podawać polane mieszanką marynat.

Wieprzowina z sosem śliwkowym

dla 4 osób

450 g gulaszu wieprzowego pokrojonego w kostkę
2 ząbki czosnku, posiekane
Sól
60 ml / 4 łyżki sosu pomidorowego (ketchupu)
30 ml / 2 łyżki sosu sojowego
45 ml / 3 łyżki. Sos śliwkowy
5 ml / 1 łyżeczka curry w proszku
5 ml / 1 łyżeczka papryki
2,5 ml / ½ łyżeczki świeżo zmielonego pieprzu
45 ml / 3 łyżki oleju arachidowego
6 cebul dymki (zielonej cebuli), pokrojonych w paski
4 marchewki pokrojone w paski

Mięso marynować z czosnkiem, solą, sosem pomidorowym, sosem sojowym, sosem śliwkowym, curry, papryką i pieprzem przez 30 minut. Rozgrzej olej i smaż mięso, aż lekko się zrumieni. Wyjmij z woka. Dodaj warzywa do oleju i smaż na złoty kolor. Włóż mięso z powrotem na patelnię i delikatnie podgrzej przed podaniem.

Wieprzowina Z Krewetkami

Dla 6 do 8 osób

900 g chudej wieprzowiny
30 ml / 2 łyżki oleju arachidowego
1 posiekana cebula
1 cebula dymka, posiekana
2 ząbki czosnku, posiekane
30 ml / 2 łyżki sosu sojowego
50 g obranych i posiekanych krewetek
(zwykle ja)
600 ml / 1 pkt / 2½ szklanki wrzącej wody
15 ml / 1 łyżka cukru

W rondlu zagotuj wodę, dodaj wieprzowinę, przykryj i gotuj na wolnym ogniu przez 10 minut. Zdjąć z patelni, dobrze odsączyć i pokroić w kostkę. Rozgrzej oliwę i podsmaż cebulę, dymkę i czosnek, aż lekko się zarumienią. Dodać wieprzowinę i smażyć do lekkiego zrumienienia. Dodaj sos sojowy i krewetki i smaż przez 1 minutę. Dodać wrzącą wodę i cukier, przykryć i dusić około 40 minut, aż wieprzowina będzie ugotowana.

czerwona gotowana wieprzowina

dla 4 osób

675 g chudej wieprzowiny pokrojonej w kostkę
250 ml / 8 uncji płynu / 1 szklanka wody
1 plasterek korzenia imbiru, posiekany
60 ml / 4 łyżki sosu sojowego
15 ml / 1 łyżka wina ryżowego lub wytrawnego sherry
5 ml / 1 łyżeczka soli
10 ml / 2 łyżeczki brązowego cukru

Włóż wieprzowinę i wodę do rondla i zagotuj wodę. Dodaj imbir, sos sojowy, sherry i sól, przykryj i gotuj na wolnym ogniu przez 45 minut. Dodać cukier, obrócić mięso, przykryć i gotować przez kolejne 45 minut, aż wieprzowina będzie ugotowana.

Wieprzowina z czerwonym sosem

dla 4 osób

30 ml / 2 łyżki oleju arachidowego
225 g nerek wieprzowych pokrojonych w paski
450 g wieprzowiny pokrojonej w paski
1 posiekana cebula
4 dymki (zielona cebula), pokrojone w paski
2 marchewki, pokrojone w paski
1 łodyga selera pokrojona w paski
1 czerwona papryka pokrojona w paski
45 ml / 3 łyżki sosu sojowego
45 ml / 3 łyżki wytrawnego białego wina
300 ml / ½ porcji / 1¼ szklanki bulionu z kurczaka
30 ml / 2 łyżki. Sos śliwkowy
30 ml / 2 łyżki octu winnego
5 ml / 1 łyżeczka proszku pięciu przypraw
5 ml / 1 łyżeczka brązowego cukru
15 ml / 1 łyżka mąki kukurydzianej (skrobi kukurydzianej)

15 ml / 1 łyżka wody

Rozgrzej olej i smaż nerki przez 2 minuty, a następnie zdejmij je z patelni. Ponownie rozgrzej olej i smaż wieprzowinę, aż się lekko zrumieni. Dodać warzywa i smażyć przez 3 minuty. Dodać sos sojowy, wino, bulion, sos śliwkowy, ocet, proszek pięciu przypraw i cukier, doprowadzić do wrzenia, przykryć i gotować przez 30 minut, aż będą miękkie. Dodaj nerki. Połączyć mąkę kukurydzianą z wodą i wymieszać w rondlu. Doprowadzić do wrzenia i gotować, mieszając, aż sos zgęstnieje.

Wieprzowina z makaronem ryżowym

dla 4 osób

4 suszone grzyby chińskie
100g makaronu ryżowego
225 g chudej wieprzowiny, pokrojonej w paski
15 ml / 1 łyżka mąki kukurydzianej (skrobi kukurydzianej)
15 ml / 1 łyżka sosu sojowego
15 ml / 1 łyżka wina ryżowego lub wytrawnego sherry
45 ml / 3 łyżki oleju arachidowego
2,5 ml / ½ łyżeczki soli
1 plasterek korzenia imbiru, posiekany
2 łodygi selera, posiekane
120 ml / 4 uncje / ½ szklanki bulionu z kurczaka
2 cebule dymki (zielona cebula), pokrojone w plasterki

Grzyby namoczyć w letniej wodzie na 30 minut i odcedzić. Odrzuć łodygi i odetnij wierzchołki. Makaron namoczyć w letniej wodzie na 30 minut, odcedzić i pokroić na kawałki o wielkości 5/2 cm. Umieść wieprzowinę w misce. Wymieszaj mąkę kukurydzianą, sos sojowy i wino lub sherry, polej wieprzowinę i wymieszaj. Rozgrzej olej i podsmaż sól i imbir przez kilka sekund. Dodać wieprzowinę i smażyć do lekkiego zrumienienia. Dodaj grzyby i seler i smaż przez 1 minutę. Dodać bulion, doprowadzić do wrzenia, przykryć i gotować 2 minuty. Dodać makaron i podgrzewać przez 2 minuty. Dodać szczypiorek i natychmiast podawać.

pyszne klopsiki wieprzowe

dla 4 osób

450 g mielonej wieprzowiny (mielonej)
100 g posiekanego tofu
4 posiekane kasztany wodne
sól i świeżo zmielony pieprz
120 ml / 4 uncji / ½ szklanki oleju arachidowego (olej arachidowy)
1 plasterek korzenia imbiru, posiekany
600 ml / 1 sztuka / 2½ szklanki bulionu z kurczaka
15 ml / 1 łyżka sosu sojowego
5 ml / 1 łyżeczka brązowego cukru
5 ml / 1 łyżeczka wina ryżowego lub wytrawnego sherry

Wymieszaj wieprzowinę, tofu i kasztany, dopraw solą i pieprzem. Formuj duże kulki. Rozgrzej olej i smaż klopsiki wieprzowe ze wszystkich stron na złoty kolor, a następnie zdejmij je z patelni. Odcedź olej z wyjątkiem 15 ml/1 łyżkę stołową i dodaj imbir, bulion, sos sojowy, cukier i wino lub sherry. Włóż klopsiki wieprzowe z powrotem na patelnię, zagotuj i gotuj przez 20 minut, aż będą ugotowane.

Grillowane kotlety wieprzowe

dla 4 osób
4 kotlety schabowe
75 ml / 5 łyżek sosu sojowego
olej do smażenia
100 g selera
3 cebule dymki (zielona cebula), posiekane
1 plasterek korzenia imbiru, posiekany
15 ml / 1 łyżka wina ryżowego lub wytrawnego sherry
120 ml / 4 uncje / ½ szklanki bulionu z kurczaka
sól i świeżo zmielony pieprz
5 ml / 1 łyżeczka oleju sezamowego

Zanurz kotlety wieprzowe w sosie sojowym, aż będą dobrze pokryte. Rozgrzej olej i smaż kotlety na złoty kolor. Wyjąć i dobrze odsączyć. Połóż seler na dnie płytkiego naczynia do zapiekania. Posyp dymką i imbirem, a na wierzchu ułóż kotlety schabowe. Dodać wino lub sherry i sos, doprawić solą i pieprzem. Posyp z wierzchu olejem sezamowym. Piec w piekarniku nagrzanym do 200°C/400°C/gaz, stopień 6, przez 15 minut.

pachnąca wieprzowina

dla 4 osób

1 ogórek, pokrojony w kostkę

Sól

450 g chudej wieprzowiny pokrojonej w kostkę

5 ml / 1 łyżeczka soli

45 ml / 3 łyżki sosu sojowego

30 ml / 2 łyżki wina ryżowego lub wytrawnego sherry

30 ml / 2 łyżki mąki kukurydzianej (skrobi kukurydzianej)

15 ml / 1 łyżka brązowego cukru

60 ml / 4 łyżki oleju arachidowego

1 plasterek korzenia imbiru, posiekany

1 ząbek czosnku, drobno posiekany

1 czerwona papryka, pozbawiona nasion i pokrojona w plasterki

60 ml / 4 łyżki bulionu z kurczaka

Ogórka posypać solą i odstawić. Mieszanka wieprzowa, sól, 15 ml / 1 łyżka. sos sojowy, 15 ml / 1 łyżka. wino lub sherry, 15 ml / 1 łyżka. skrobia kukurydziana, brązowy cukier i 15 ml / 1 łyżka. zupa olejowa. Odstawić na 30 minut, następnie wyjąć mięso z marynaty. Rozgrzej pozostały olej i smaż wieprzowinę, aż się lekko zrumieni. Dodaj imbir, czosnek i chilli i smaż przez 2 minuty. Dodaj ogórek i smaż przez 2 minuty. Wymieszaj sos z resztą sosu sojowego, winem lub sherry i skrobią kukurydzianą z marynatą. Dodać na patelnię i mieszając doprowadzić do wrzenia. Gotuj, mieszając, aż sos będzie klarowny i gęsty.

Gładkie plastry wieprzowiny

dla 4 osób

225 g chudej wieprzowiny pokrojonej w plasterki
2 białka jaj
15 ml / 1 łyżka mąki kukurydzianej (skrobi kukurydzianej)
45 ml / 3 łyżki oleju arachidowego
50 g pokrojonych pędów bambusa
6 cebul dymki (zielona cebula), posiekanych
2,5 ml / ½ łyżeczki soli
15 ml / 1 łyżka wina ryżowego lub wytrawnego sherry
150 ml / ¼ części / obfite ½ szklanki bulionu z kurczaka

Wymieszać wieprzowinę z białkami jaj i skrobią kukurydzianą, aż będzie dobrze pokryta. Rozgrzać olej i smażyć wieprzowinę do lekkiego zrumienienia, następnie zdjąć z patelni. Dodaj pędy bambusa i dymkę i smaż przez 2 minuty. Włóż wieprzowinę z powrotem na patelnię z solą, winem lub sherry i bulionem z kurczaka. Doprowadzić do wrzenia i gotować, mieszając, przez 4 minuty, aż wieprzowina będzie ugotowana.

Wieprzowina ze szpinakiem i marchewką

dla 4 osób

225 g chudej wieprzowiny
2 marchewki, pokrojone w paski
225 g szpinaku
45 ml / 3 łyżki oleju arachidowego
1 cebula dymka, posiekana
15 ml / 1 łyżka sosu sojowego
2,5 ml / ½ łyżeczki soli
10 ml / 2 łyżeczki mąki kukurydzianej (skrobi kukurydzianej)
30 ml / 2 łyżki wody

Pokrój wieprzowinę w poprzek włókien, a następnie pokrój w paski. Marchew gotuj przez około 3 minuty, a następnie odcedź. Liście szpinaku przekrój na pół. Rozgrzej olej i smaż cebulę, aż będzie przezroczysta. Dodać wieprzowinę i smażyć do lekkiego zrumienienia. Dodać marchewkę i sos sojowy i smażyć przez 1 minutę. Dodaj sól i szpinak i smaż przez około 30 sekund, aż zacznie więdnąć. Ubij skrobię kukurydzianą i wodę na pastę, wymieszaj z sosem i gotuj, aż będzie przezroczysty i natychmiast podawaj.

wieprzowina na parze

dla 4 osób

450 g chudej wieprzowiny pokrojonej w kostkę
120 ml / 4 uncje / ½ szklanki sosu sojowego
120 ml / 4 uncje / ½ szklanki wina ryżowego lub wytrawnego sherry
15 ml / 1 łyżka brązowego cukru

Wszystkie składniki wymieszać i umieścić w żaroodpornym pojemniku. Gotuj na ruszcie nad wrzącą wodą około 1,5 godziny, aż zmięknie.

pieczona wieprzowina

dla 4 osób

25 g suszonych grzybów chińskich
15 ml / 1 łyżka oleju arachidowego
450 g chudej wieprzowiny pokrojonej w plasterki
1 zielona papryka, pokrojona w kostkę
15 ml / 1 łyżka sosu sojowego
15 ml / 1 łyżka wina ryżowego lub wytrawnego sherry
5 ml / 1 łyżeczka soli
5 ml / 1 łyżeczka oleju sezamowego

Grzyby namoczyć w letniej wodzie na 30 minut i odcedzić. Odrzuć łodygi i odetnij wierzchołki. Rozgrzej olej i smaż wieprzowinę, aż będzie lekko rumiana. Dodaj paprykę i smaż przez 1 minutę. Dodaj grzyby, sos sojowy, wino lub sherry i sól i gotuj przez kilka minut, aż mięso będzie ugotowane. Przed podaniem dodaj olej sezamowy.

Wieprzowina ze słodkimi ziemniakami

dla 4 osób

olej do smażenia

2 duże słodkie ziemniaki, pokrojone w plasterki

30 ml / 2 łyżki oleju arachidowego

1 plasterek korzenia imbiru, pokrojony w plasterki

1 posiekana cebula

450 g chudej wieprzowiny pokrojonej w kostkę

15 ml / 1 łyżka sosu sojowego

2,5 ml / ½ łyżeczki soli

świeżo zmielony pieprz

250 ml / 8 uncji / 1 szklanka bulionu z kurczaka

30 ml / 2 łyżki curry

Rozgrzej olej i smaż słodkie ziemniaki na złoty kolor. Zdjąć z patelni i dobrze odsączyć. Rozgrzej olej arachidowy i podsmaż imbir i cebulę, aż lekko się zarumienią. Dodać wieprzowinę i smażyć do lekkiego zrumienienia. Dodać sos sojowy, sól i szczyptę pieprzu, następnie dodać bulion i curry, doprowadzić do wrzenia i dusić przez 1 minutę, mieszając. Dodać ziemniaki, przykryć i dusić przez 30 minut, aż wieprzowina będzie ugotowana.

Słodko-kwaśna wieprzowina

dla 4 osób

450 g chudej wieprzowiny pokrojonej w kostkę

15 ml / 1 łyżka wina ryżowego lub wytrawnego sherry

15 ml / 1 łyżka oleju arachidowego

5 ml / 1 łyżeczka curry w proszku

1 ubite jajko

Sól

100 g mąki kukurydzianej (skrobi kukurydzianej)

olej do smażenia

1 ząbek zmiażdżonego czosnku

75 g / 3 uncje / ½ szklanki cukru

50 g sosu pomidorowego (ketchup)

5 ml / 1 łyżeczka octu winnego

5 ml / 1 łyżeczka oleju sezamowego

Mięso wieprzowe wymieszać z winem lub sherry, oliwą, curry, jajkiem i szczyptą soli. Dodaj mąkę kukurydzianą, aż wieprzowina pokryje się ciastem. Rozgrzać olej aż do wrzenia, po czym kilka razy dodać kostki wieprzowe. Gotować około 3 minuty, odcedzić i odstawić. Ponownie rozgrzej olej i smaż kostki przez około 2 minuty. Wyjąć i odsączyć. Podgrzej czosnek, cukier, sos pomidorowy i ocet, mieszając, aż cukier się rozpuści. Doprowadzić do wrzenia, następnie dodać kostki wieprzowe i dobrze wymieszać. Dodać olej sezamowy i podawać.

solona wieprzowina

dla 4 osób

30 ml / 2 łyżki oleju arachidowego

450 g chudej wieprzowiny pokrojonej w kostkę

3 dymki (zielona cebula), pokrojone w plasterki

2 ząbki czosnku, posiekane

1 plasterek korzenia imbiru, posiekany

250 ml / 8 uncji / 1 szklanka sosu sojowego

30 ml / 2 łyżki wina ryżowego lub wytrawnego sherry

30 ml / 2 łyżki brązowego cukru

5 ml / 1 łyżeczka soli

600 ml / 1 pkt / 2½ szklanki wody

Rozgrzej olej i smaż wieprzowinę na złoty kolor. Odcedź nadmiar oleju, dodaj dymkę, czosnek i imbir i smaż przez 2 minuty. Dodaj sos sojowy, wino lub sherry, cukier i sól i dobrze wymieszaj. Dodać wodę, doprowadzić do wrzenia, przykryć i gotować przez 1 godzinę.

Wieprzowina Z Tofu

dla 4 osób

450 g chudej wieprzowiny

45 ml / 3 łyżki oleju arachidowego

1 posiekana cebula

1 ząbek zmiażdżonego czosnku

225 g tofu, pokrojonego w kostkę

375 ml / 13 uncji / 1½ szklanki bulionu z kurczaka

15 ml / 1 łyżka brązowego cukru

60 ml / 4 łyżki sosu sojowego

2,5 ml / ½ łyżeczki soli

Umieść świnię w rondlu i zalej wodą. Doprowadzić do wrzenia, a następnie gotować na wolnym ogniu przez 5 minut. Odcedzić i ostudzić, następnie pokroić w kostkę.

Rozgrzej oliwę i podsmaż cebulę i czosnek, aż lekko się zarumienią. Dodać wieprzowinę i smażyć do lekkiego zrumienienia. Dodaj tofu i delikatnie mieszaj, aż pokryje się olejem. Dodać bulion, cukier, sos sojowy i sól, doprowadzić do wrzenia, przykryć i gotować na wolnym ogniu przez około 40 minut, aż wieprzowina będzie ugotowana.

pieczona wieprzowina

dla 4 osób

225 g filetu wieprzowego pokrojonego w kostkę
1 białko jaja
30 ml / 2 łyżki wina ryżowego lub wytrawnego sherry
Sól
225 g mąki kukurydzianej (skrobi kukurydzianej)
olej do smażenia

Wymieszaj wieprzowinę z białkiem, winem lub sherry i szczyptą soli. Stopniowo dodawaj taką ilość mąki kukurydzianej, aby powstała gęsta pasta. Rozgrzej olej i smaż wieprzowinę na złoty kolor, chrupiącą na zewnątrz i delikatną w środku.

dwukrotnie gotowana wieprzowina

dla 4 osób

225 g chudej wieprzowiny
45 ml / 3 łyżki oleju arachidowego
2 zielone papryki, pokrojone na kawałki
2 ząbki zmiażdżonego czosnku
2 cebule dymki (zielona cebula), pokrojone w plasterki
15 ml / 1 łyżka. łyżki pikantnego sosu fasolowego
15 ml / 1 łyżka bulionu z kurczaka
5 ml / 1 łyżeczka cukru

Kotlet schabowy włóż do rondla, zalej wodą, zagotuj i gotuj przez 20 minut, aż będzie ugotowany. Wyjmij, przefiltruj i pozostaw do ostygnięcia. Pokrój w cienkie plasterki.

Rozgrzej olej i smaż wieprzowinę, aż będzie lekko rumiana. Dodaj paprykę, czosnek i dymkę i smaż przez 2 minuty. Wyjąć z formy. Na patelnię dodać sos fasolowy, bulion i cukier i smażyć, mieszając, przez 2 minuty. Włóż ponownie wieprzowinę i paprykę i smaż, aż się rozgrzeją. Natychmiast podawaj.

wieprzowina z warzywami

dla 4 osób

2 ząbki czosnku, posiekane
5 ml / 1 łyżeczka soli
2,5 ml / ½ łyżeczki świeżo zmielonego pieprzu
30 ml / 2 łyżki oleju arachidowego
30 ml / 2 łyżki sosu sojowego
225 g różyczek brokułów
200 g kalafiora
1 czerwona papryka, pokrojona w kostkę
1 posiekana cebula
2 pomarańcze, obrane i pokrojone w kostkę
1 kawałek imbiru, posiekany
30 ml / 2 łyżki mąki kukurydzianej (skrobi kukurydzianej)
300 ml / ½ pt / 1¼ szklanki wody
20 ml / 2 łyżki octu winnego
15 ml / 1 łyżka miodu
szczypta mielonego imbiru
2,5 ml / ½ łyżeczki kminku

Posiekaj czosnek, sól i pieprz mięso. Rozgrzej olej i smaż mięso, aż lekko się zrumieni. Wyjąć z formy. Dodaj sos sojowy i warzywa na patelnię i smaż, aż będą ugotowane, ale nadal chrupiące. Dodaj pomarańcze i imbir. Wymieszaj mąkę kukurydzianą z wodą i połącz w rondlu z octem, miodem, imbirem i kminkiem. Doprowadzić do wrzenia i gotować przez 2 minuty, mieszając. Włóż wieprzowinę z powrotem na patelnię i podgrzej ją przed podaniem.

Wieprzowina Z Orzechami

dla 4 osób

50 g / 2 uncje / ½ szklanki orzechów
225 g chudej wieprzowiny, pokrojonej w paski
30 ml / 2 łyżki. mąka uniwersalna
30 ml / 2 łyżki brązowego cukru
30 ml / 2 łyżki sosu sojowego
olej do smażenia
15 ml / 1 łyżka oleju arachidowego

Orzechy gotować przez 2 minuty we wrzącej wodzie, odcedzić. Wymieszać wieprzowinę z mąką, cukrem i 15 ml/1 łyżką sosu sojowego, aż będzie dobrze pokryta. Rozgrzej olej i smaż wieprzowinę, aż będzie chrupiąca i złocisto-brązowa. Odsączyć na ręcznikach papierowych. Rozgrzej olej arachidowy i smaż orzechy na złoty kolor. Na patelnię włóż wieprzowinę, skrop pozostałym sosem sojowym i smaż, aż się zarumieni.

ravioli wieprzowe

dla 4 osób

450 g mielonej wieprzowiny (mielonej)
1 cebula dymka, posiekana
225 g mieszanki warzywnej, posiekanej
30 ml / 2 łyżki sosu sojowego
5 ml / 1 łyżeczka soli
40 opakowań wontonowych
olej do smażenia

Rozgrzej patelnię i smaż wieprzowinę i cebulę, aż się lekko zrumienią. Zdjąć z ognia i dodać warzywa, sos sojowy i sól.

Aby złożyć wontony, weź opakowanie w lewą rękę i włóż trochę nadzienia do środka. Brzegi posmarować jajkiem, ciasto złożyć w trójkąt i skleić brzegi. Zwilż rogi jajkiem i odwróć.

Rozgrzej olej i smaż kilka wontonów na złoty kolor. Dobrze odcedź przed podaniem.

Wieprzowina z kasztanami wodnymi

dla 4 osób

45 ml / 3 łyżki oleju arachidowego

1 ząbek zmiażdżonego czosnku

1 cebula dymka, posiekana

1 plasterek korzenia imbiru, posiekany

225 g chudej wieprzowiny, pokrojonej w paski

100 g kasztanów wodnych, pokrojonych w cienkie plasterki

45 ml / 3 łyżki sosu sojowego

15 ml / 1 łyżka wina ryżowego lub wytrawnego sherry

5 ml / 1 łyżeczka mąki kukurydzianej (skrobi kukurydzianej)

Rozgrzej oliwę i podsmaż czosnek, dymkę i imbir, aż się lekko zrumienią. Dodaj wieprzowinę i smaż przez 10 minut, aż się zarumieni. Dodać kasztany wodne i smażyć przez 3 minuty. Dodać pozostałe składniki i smażyć przez 3 minuty.

Wontony wieprzowe i krewetkowe

dla 4 osób

225 g mielonej wieprzowiny (mielonej)

2 cebule dymki (zielona cebula), posiekane

100 g posiekanych mieszanych warzyw

100 g posiekanych grzybów

225 g obranych i pokrojonych krewetek

15 ml / 1 łyżka sosu sojowego

2,5 ml / ½ łyżeczki soli

40 opakowań wontonowych

olej do smażenia

Rozgrzej patelnię i smaż wieprzowinę i cebulę, aż się lekko zrumienią. Wymieszaj resztę składników.

Aby złożyć wontony, weź opakowanie w lewą rękę i włóż trochę nadzienia do środka. Brzegi posmarować jajkiem, ciasto złożyć w trójkąt i skleić brzegi. Zwilż rogi jajkiem i odwróć.

Rozgrzej olej i smaż kilka wontonów na złoty kolor. Dobrze odcedź przed podaniem.

bułeczki gotowane na parze z cukrem pudrem

dla 4 osób

2 ząbki czosnku, posiekane

2,5 ml / ½ łyżeczki soli

450 g mielonej wieprzowiny (mielonej)
1 posiekana cebula
1 czerwona papryka, posiekana
1 zielona papryka, posiekana
2 łodygi imbiru, posiekane
5 ml / 1 łyżeczka curry w proszku
5 ml / 1 łyżeczka papryki
1 ubite jajko
45 ml / 3 łyżki mąki kukurydzianej (skrobi kukurydzianej)
50 g ryżu krótkoziarnistego
sól i świeżo zmielony pieprz
60 ml / 4 łyżki posiekanego szczypiorku

Wymieszaj czosnek, sól, wieprzowinę, cebulę, paprykę, imbir, curry i paprykę. Dodaj jajko do mieszanki skrobi kukurydzianej i ryżu. Doprawić solą i pieprzem i wymieszać ze szczypiorkiem. Z powstałej masy formuj kulki mokrymi rękami. Włóż do koszyka do gotowania na parze, przykryj i gotuj delikatnie we wrzącej wodzie przez 20 minut, aż będą miękkie.

Żeberka z sosem z czarnej fasoli

dla 4 osób

900 g polędwiczki wieprzowej
2 ząbki czosnku, posiekane
2 cebule dymki (zielona cebula), posiekane
30 ml / 2 łyżki sosu z czarnej fasoli
30 ml / 2 łyżki wina ryżowego lub wytrawnego sherry
15 ml / 1 łyżka wody
30 ml / 2 łyżki sosu sojowego
15 ml / 1 łyżka mąki kukurydzianej (skrobi kukurydzianej)
5 ml / 1 łyżeczka cukru
120 ml / 4 uncje płynu ½ szklanki wody
30 ml / 2 łyżki oleju
2,5 ml / ½ łyżeczki soli
120 ml / 4 uncje / ½ szklanki bulionu z kurczaka

Kotlety wieprzowe pokroić na 1-calowe kawałki. Wymieszaj czosnek, dymkę, sos z czarnej fasoli, wino lub sherry, wodę i 15 ml/1 łyżkę sosu sojowego. Resztę sosu sojowego wymieszaj ze skrobią kukurydzianą, cukrem i wodą. Rozgrzej olej i sól i smaż kotlety wieprzowe na złoty kolor. Spuścić olej. Dodaj mieszaninę czosnku i gotuj 2 minuty. Dodać bulion, doprowadzić do wrzenia, przykryć i gotować 4 minuty. Dodaj mąkę kukurydzianą i gotuj, mieszając, aż sos zbladnie i zgęstnieje.

grillowane żeberka

dla 4 osób

3 ząbki czosnku, posiekane

75 ml / 5 łyżek sosu sojowego

60 ml / 4 łyżki. sos hoisin

60 ml / 4 łyżki wina ryżowego lub wytrawnego sherry

45 ml / 3 łyżki brązowego cukru

30 ml / 2 łyżki przecieru pomidorowego (pasty)

900 g polędwiczki wieprzowej

15 ml / 1 łyżka miodu

Wymieszaj czosnek, sos sojowy, sos hoisin, wino lub sherry, brązowy cukier i przecier pomidorowy, polej żeberka, przykryj i marynuj przez noc.

Odcedź żeberka i połóż je na grillu na patelni z odrobiną wody pod spodem. Piec w piekarniku nagrzanym do 180°C/350°F/stopień gazu 4 przez 45 minut, od czasu do czasu polewając marynatą, zachowując 2 łyżki/30 ml marynaty. Przygotowaną marynatę wymieszaj z miodem i posmaruj żeberka. Grilluj lub piecz (piecz) na rozgrzanym grillu przez około 10 minut.

Klonowe Pieczone Żeberka

dla 4 osób

900 g polędwiczki wieprzowej
60 ml / 4 łyżki syropu klonowego
5 ml / 1 łyżeczka soli
5 ml / 1 łyżeczka cukru
45 ml / 3 łyżki sosu sojowego
15 ml / 1 łyżka wina ryżowego lub wytrawnego sherry
1 ząbek zmiażdżonego czosnku

Kotlety schabowe pokroić na kawałki o wielkości 5/2 cm i włożyć do miski. Wymieszaj wszystkie składniki, dodaj żeberka i dobrze wymieszaj. Przykryj i zostaw do marynowania na noc. Piecz (piecz) lub grilluj na umiarkowanym ogniu przez około 30 minut.

smażone żeberka wieprzowe

dla 4 osób

900 g polędwiczki wieprzowej

120 ml / 4 uncje / ½ szklanki sosu pomidorowego (ketchup)

120 ml / 4 uncje / ½ szklanki octu winnego

60 ml / 4 łyżki. Chutney z mango

45 ml / 3 łyżki. łyżka wina ryżowego lub wytrawnego sherry

2 ząbki zmiażdżonego czosnku

5 ml / 1 łyżeczka soli

45 ml / 3 łyżki sosu sojowego

30 ml / 2 łyżki miodu

15 ml / 1 łyżka łagodnego curry w proszku

15 ml / 1 łyżka papryki

olej do smażenia

60 ml / 4 łyżki posiekanego szczypiorku

Umieść kotlety wieprzowe w misce. Wszystkie składniki oprócz oliwy i szczypiorku wymieszać, polać kotlety schabowe, przykryć i odstawić do marynowania na co najmniej 1 godzinę. Rozgrzej olej i smaż żeberka, aż będą chrupiące. Podawać posypane szczypiorkiem.

Żeberka porowe

dla 4 osób

450 g żeberek wieprzowych

olej do smażenia

250 ml / 8 uncji płynu / 1 szklanka bulionu

30 ml / 2 łyżki sosu pomidorowego (ketchupu)

2,5 ml / ½ łyżeczki soli

2,5 ml / ½ łyżeczki cukru

2 pory, pokrojone na kawałki

6 dymek (zielona cebula), pokrojonych na kawałki

50 g różyczek brokułów

5 ml / 1 łyżeczka oleju sezamowego

Żeberka wieprzowe pokroić na kawałki o wielkości 5/2 cm, rozgrzać olej i smażyć żeberka do zarumienienia. Zdejmij z patelni i wlej całość oprócz 30 ml/2 łyżki oleju. Dodać bulion, sos pomidorowy, sól i cukier, doprowadzić do wrzenia i gotować 1 minutę. Włóż żeberka z powrotem na patelnię i gotuj na wolnym ogniu przez około 20 minut, aż będą ugotowane.

W międzyczasie podgrzej kolejne 30 ml / 2 łyżki oleju i smaż por, dymkę i brokuły przez około 5 minut. Skropić wierzch odrobiną oleju sezamowego i ułożyć wokół ciepłego talerza. Wlać żeberka i sos na środek i podawać.

Żeberka grzybowe

Na 4 do 6 porcji

6 suszonych grzybów chińskich
900 g polędwiczki wieprzowej
2 strąki anyżu gwiazdkowatego
45 ml / 3 łyżki sosu sojowego
5 ml / 1 łyżeczka soli
15 ml / 1 łyżka mąki kukurydzianej (skrobi kukurydzianej)

Grzyby namoczyć w letniej wodzie na 30 minut i odcedzić. Odrzuć łodygi i odetnij wierzchołki. Kotlety schabowe pokroić na kawałki o wielkości 5/2 cm. W rondelku zagotuj wodę, dodaj żeberka i gotuj przez 15 minut. Dobrze odcedź. Włóż żeberka z powrotem do garnka i zalej zimną wodą. Dodać grzyby, anyż gwiazdkowaty, sos sojowy i sól. Doprowadzić do wrzenia, przykryć i dusić około 45 minut, aż mięso będzie miękkie. Skrobię kukurydzianą wymieszać z odrobiną zimnej wody, wsypać do rondelka i gotować, mieszając, aż sos będzie klarowny i gęsty.

Pomarańczowe żeberka

dla 4 osób

900 g polędwiczki wieprzowej
5 ml / 1 łyżeczka tartego sera
5 ml / 1 łyżeczka mąki kukurydzianej (skrobi kukurydzianej)
45 ml / 3 łyżki. łyżka wina ryżowego lub wytrawnego sherry
Sól
olej do smażenia
15 ml / 1 łyżka wody
2,5 ml / ½ łyżeczki cukru
15 ml / 1 łyżka przecieru pomidorowego (pasty)
2,5 ml / ½ łyżeczki sosu chili
skórka z 1 pomarańczy
1 pomarańcza, pokrojona w plasterki

Kotlety schabowe pokroić na kawałki i wymieszać z serem, skrobią kukurydzianą, 5 ml/1 łyżeczkę wina lub sherry i szczyptą soli. Pozostawić do marynowania na 30 minut. Rozgrzej olej i smaż żeberka przez około 3 minuty, aż uzyskają złoty kolor. W woku rozgrzać 15 ml / 1 łyżkę oleju, dodać wodę, cukier, przecier pomidorowy, sos chili, skórkę pomarańczową i resztę wina lub sherry i delikatnie mieszać na ogniu przez 2 minuty. Dodaj wieprzowinę i mieszaj, aż będzie dobrze pokryta. Przełóż na ciepły talerz i podawaj udekorowany plasterkami pomarańczy.

Żeberka Ananasowe

dla 4 osób

900 g polędwiczki wieprzowej

600 ml / 1 pkt / 2½ szklanki wody

30 ml / 2 łyżki oleju arachidowego

2 ząbki czosnku, drobno posiekane

200 g ananasa z puszki w soku owocowym

120 ml / 4 uncje / ½ szklanki bulionu z kurczaka

60 ml / 4 łyżki octu winnego

50 g / 2 uncje / ¼ szklanki brązowego cukru

15 ml / 1 łyżka sosu sojowego

15 ml / 1 łyżka mąki kukurydzianej (skrobi kukurydzianej)

3 cebule dymki (zielona cebula), posiekane

Mięso z wodą włożyć do rondla, doprowadzić do wrzenia, przykryć i gotować na wolnym ogniu przez 20 minut. Dobrze odcedź.

Rozgrzej oliwę i delikatnie podsmaż czosnek na złoty kolor. Dodaj żeberka i smaż, aż dokładnie pokryją się olejem. Odcedź kawałki ananasa, dodaj 120 ml soku z bulionem, octem winnym, cukrem i sosem sojowym Doprowadź do wrzenia, przykryj i gotuj na wolnym ogniu przez 10 minut.

Dodaj odsączonego ananasa. Mąkę kukurydzianą wymieszać z odrobiną wody, dodać do sosu i gotować, mieszając, aż sos stanie się klarowny i zgęstnieje. Podawać posypane szczypiorkiem.

Chrupiące żeberka krewetkowe

dla 4 osób

900 g polędwiczki wieprzowej

450 g / 1 kilogram krewetek w łuskach

5 ml / 1 łyżeczka cukru

sól i świeżo zmielony pieprz

30 ml / 2 łyżki. mąka uniwersalna

1 lekko ubite jajko

100 g bułki tartej

olej do smażenia

Żeberka wieprzowe pokroić na kawałki o wielkości 5/2 cm, odciąć część mięsa i posiekać je razem z krewetkami, cukrem, solą i pieprzem. Dodaj mąkę i jajko, aby masa była lepka. Kotlety schabowe przykryj i posyp bułką tartą. Rozgrzej olej i smaż żeberka, aż wypłyną na powierzchnię. Dobrze odcedź i podawaj na gorąco.

Żeberka w winie ryżowym

dla 4 osób

900 g polędwiczki wieprzowej
450 ml / ¾ pt / 2 szklanki wody
60 ml / 4 łyżki sosu sojowego
5 ml / 1 łyżeczka soli
30 ml / 2 łyżki wina ryżowego
5 ml / 1 łyżeczka cukru

Żeberka pokroić na 2,5 cm kawałki. Włożyć do rondelka z wodą, sosem sojowym i solą, doprowadzić do wrzenia, przykryć i gotować na małym ogniu przez 1 godzinę. Dobrze odcedź. Rozgrzej patelnię, dodaj żeberka, wino ryżowe i cukier. Gotuj na dużym ogniu, aż płyn odparuje.

Żeberka sezamowe

dla 4 osób

900 g polędwiczki wieprzowej

1 jajko

30 ml / 2 łyżki. mąka uniwersalna

5 ml / 1 łyżeczka skrobi ziemniaczanej

45 ml / 3 łyżki wody

olej do smażenia

30 ml / 2 łyżki oleju arachidowego

30 ml / 2 łyżki sosu pomidorowego (ketchupu)

30 ml / 2 łyżki brązowego cukru

10 ml / 2 łyżeczki octu winnego

45 ml / 3 łyżki sezamu

4 liście sałaty

Kotlety schabowe pokroić na kawałki o wielkości 10/4 cm i włożyć do miski. Jajko wymieszać z mąką, skrobią ziemniaczaną i wodą, dodać do żeberek i odstawić na 4 godziny.

Rozgrzać olej i smażyć kotlety schabowe na złoty kolor, wyjąć i odcedzić. Rozgrzej olej i smaż przez kilka minut sos pomidorowy, brązowy cukier i ocet. Dodaj kotlety schabowe i smaż, aż całkowicie się nimi pokryją. Posypać nasionami sezamu i smażyć przez 1 minutę. Ułóż liście sałaty na ciepłym talerzu, posyp żeberka i podawaj.

Słodkie i wilgotne żeberka

dla 4 osób

900 g polędwiczki wieprzowej

600 ml / 1 pkt / 2½ szklanki wody

30 ml / 2 łyżki oleju arachidowego

2 ząbki czosnku, posiekane

5 ml / 1 łyżeczka soli

100 g / 4 uncje / ½ szklanki brązowego cukru

75 ml / 5 łyżek bulionu z kurczaka

60 ml / 4 łyżki octu winnego

100 g ananasa z puszki w syropie

15 ml / 1 łyżka przecieru pomidorowego (pasty)

15 ml / 1 łyżka sosu sojowego

15 ml / 1 łyżka mąki kukurydzianej (skrobi kukurydzianej)

30 ml / 2 łyżki płatków kokosowych

Mięso z wodą włożyć do rondla, doprowadzić do wrzenia, przykryć i gotować na wolnym ogniu przez 20 minut. Dobrze odcedź.

Rozgrzej oliwę i podsmaż żeberka z czosnkiem i solą na złoty kolor. Dodać cukier, bulion i ocet i podgrzewać aż do wrzenia. Odcedzić ananasa i dodać 30 ml / 2 łyżki syropu do rondla z koncentratem pomidorowym, sosem sojowym i skrobią kukurydzianą. Dobrze wymieszaj i gotuj, mieszając, aż sos stanie się klarowny i gęsty. Dodać ananasa, dusić przez 3 minuty i podawać posypane wiórkami kokosowymi.

Smażone żeberka

dla 4 osób

900 g polędwiczki wieprzowej

1 ubite jajko

5 ml / 1 łyżeczka sosu sojowego

5 ml / 1 łyżeczka soli

10 ml / 2 łyżeczki mąki kukurydzianej (skrobi kukurydzianej)

10 ml / 2 łyżeczki cukru

60 ml / 4 łyżki oleju arachidowego

250 ml / 8 uncji / 1 szklanka octu winnego

250 ml / 8 uncji płynu / 1 szklanka wody

250 ml / 8 uncji / 1 szklanka wina ryżowego lub wytrawnego sherry

Umieść kotlety wieprzowe w misce. Jajko wymieszaj z sosem sojowym, solą, połową mąki kukurydzianej i połową cukru, dodaj do żeberek i dobrze wymieszaj. Rozgrzej olej i smaż kotlety wieprzowe na złoty kolor. Dodać pozostałe składniki, doprowadzić do wrzenia i gotować, aż płyn prawie odparuje.

Żeberka pomidorowe

dla 4 osób

900 g polędwiczki wieprzowej
75 ml / 5 łyżek sosu sojowego
30 ml / 2 łyżki wina ryżowego lub wytrawnego sherry
2 ubite jajka
45 ml / 3 łyżki mąki kukurydzianej (skrobi kukurydzianej)
olej do smażenia
45 ml / 3 łyżki oleju arachidowego
1 cebula, pokrojona w cienkie plasterki
250 ml / 8 uncji / 1 szklanka bulionu z kurczaka
60 ml / 4 łyżki sosu pomidorowego (ketchupu)
10 ml / 2 łyżeczki brązowego cukru

Kotlety wieprzowe pokroić na 1-calowe kawałki. Zmieszaj 60 ml / 4 łyżki sosu sojowego z winem lub sherry i marynuj przez 1 godzinę, od czasu do czasu mieszając. Odcedzić, wyrzucić marynatę. Posmaruj żeberka jajkiem, a następnie mąką kukurydzianą. Rozgrzej olej i usmaż kilka żeberek na złoty kolor. Dobrze odcedź. Rozgrzej olej arachidowy i smaż cebulę, aż będzie przezroczysta. Dodać bulion, pozostały sos sojowy, ketchup i brązowy cukier i smażyć, mieszając, przez 1 minutę. Dodać żeberka i smażyć na małym ogniu przez 10 minut.

pieczona wieprzowina

Na 4 do 6 porcji

1,25 kg łopatki wieprzowej bez kości

2 ząbki czosnku, posiekane

2 cebule dymki (zielona cebula), posiekane

250 ml / 8 uncji / 1 szklanka sosu sojowego

120 ml / 4 uncje / ½ szklanki wina ryżowego lub wytrawnego sherry

100 g / 4 uncje / ½ szklanki brązowego cukru

5 ml / 1 łyżeczka soli

Umieść wieprzowinę w misce. Resztę składników wymieszać, dodać wieprzowinę, przykryć i odstawić do marynowania na 3 godziny. Przenieś wieprzowinę i marynatę na brytfannę i piecz w nagrzanym piekarniku w temperaturze 200°C/400°F/stopień gazu 6 przez 10 minut. Zmniejsz temperaturę do 160°C/325°F/stopień gazu 3 na 1 godzinę 30 minut, aż wieprzowina będzie ugotowana.

Zimna wieprzowina z musztardą

dla 4 osób

1 kg pieczonej wieprzowiny bez kości
250 ml / 8 uncji / 1 szklanka sosu sojowego
120 ml / 4 uncje / ½ szklanki wina ryżowego lub wytrawnego sherry
100 g / 4 uncje / ½ szklanki brązowego cukru
3 cebule dymki (zielona cebula), posiekane
5 ml / 1 łyżeczka soli
30 ml / 2 łyżki musztardy w proszku

Umieść wieprzowinę w misce. Wszystkie pozostałe składniki oprócz musztardy wymieszać i polać wieprzowinę. Pozostawić do marynowania na co najmniej 2 godziny, często podlewając. Blachę do pieczenia wyłóż folią aluminiową i połóż wieprzowinę na ruszcie patelni. Piec w nagrzanym piekarniku w temperaturze 200°C/termostat 6 przez 10 minut, następnie zmniejszyć temperaturę do 160°C/termostat 3 przez kolejne 1,5 godziny, aż wieprzowina będzie ugotowana. Pozostawić do ostygnięcia, a następnie włożyć do lodówki. Pokrój w bardzo cienkie plasterki. Zmieszaj proszek musztardowy z taką ilością wody, aby uzyskać kremową pastę do podawania z wieprzowiną.

Chińska świnia

dla 6

1,25 kg grubo posiekanej wieprzowiny
2 ząbki czosnku, drobno posiekane
30 ml / 2 łyżki wina ryżowego lub wytrawnego sherry
15 ml / 1 łyżka brązowego cukru
15 ml / 1 łyżka miodu
90 ml / 6 łyżek sosu sojowego
2,5 ml / ½ łyżeczki proszku pięciu przypraw

Połóż świnię na głębokim talerzu. Pozostałe składniki wymieszać, polać wieprzowinę, przykryć i pozostawić do marynowania na noc w lodówce, od czasu do czasu obracając i polewając.

Plasterki wieprzowiny ułożyć na grillu w rondlu wypełnionym niewielką ilością wody i dobrze przykryć marynatą. Piec w piekarniku nagrzanym do 180°C/350°F/stopień gazu 5 przez około 1 godzinę, od czasu do czasu podlewając, aż wieprzowina będzie ugotowana.

Wieprzowina ze szpinakiem

Dla 6 do 8 osób

30 ml / 2 łyżki oleju arachidowego

1,25 kg polędwiczki wieprzowej

250 ml / 8 uncji / 1 szklanka bulionu z kurczaka

15 ml / 1 łyżka brązowego cukru

60 ml / 4 łyżki sosu sojowego

900 g szpinaku

Rozgrzej olej i obsmaż wieprzowinę ze wszystkich stron. Usuń większość tłuszczu. Dodać bulion, cukier i sos sojowy, doprowadzić do wrzenia, przykryć i gotować na wolnym ogniu przez około 2 godziny, aż wieprzowina będzie ugotowana. Zdejmij mięso z patelni i poczekaj, aż lekko ostygnie, a następnie pokrój je w plasterki. Na patelnię wrzucamy szpinak i smażymy na małym ogniu, delikatnie mieszając, aż zwiędnie.

Odcedź szpinak i połóż na ciepłym talerzu. Posypać plasterkami wieprzowiny i podawać.

smażone kulki wieprzowe

dla 4 osób

450 g mielonej wieprzowiny (mielonej)
1 plasterek korzenia imbiru, posiekany
15 ml / 1 łyżka mąki kukurydzianej (skrobi kukurydzianej)
15 ml / 1 łyżka wody
2,5 ml / ½ łyżeczki soli
10 ml / 2 łyżeczki sosu sojowego
olej do smażenia

Wymieszaj wieprzowinę i imbir. Wymieszaj mąkę kukurydzianą, wodę, sól i sos sojowy, następnie dodaj mieszaninę do wieprzowiny i dobrze wymieszaj. Formuj kulki wielkości orzecha włoskiego. Rozgrzej olej i smaż klopsiki, aż wypłyną na powierzchnię oleju. Wyjąć z oleju i ponownie podgrzać. Włóż wieprzowinę z powrotem na patelnię i smaż przez 1 minutę. Dobrze odcedź.

Roladki z jajek wieprzowych i krewetek

dla 4 osób

30 ml / 2 łyżki oleju arachidowego

225 g mielonej wieprzowiny (mielonej)

225 g krewetek

100 g startych liści chińskich

100 g pędów bambusa pokrojonych w paski

100 g kasztanów wodnych, pokrojonych w paski

10 ml / 2 łyżeczki sosu sojowego

5 ml / 1 łyżeczka soli

5 ml / 1 łyżeczka cukru

3 cebule dymki (zielona cebula), posiekane
8 muszli sajgonek
olej do smażenia

Rozgrzej olej i smaż wieprzowinę, aż będzie gęsta. Dodaj krewetki i smaż przez 1 minutę. Dodać liście chińskie, pędy bambusa, kasztany wodne, sos sojowy, sól i cukier, gotować przez 1 minutę, przykryć i dusić przez 5 minut. Dodaj cebulę, włóż ją do durszlaka i poczekaj, aż odcieknie.

Na środek każdej skorupki jajka nałóż kilka łyżek nadzienia, zwiń spód, zwiń boki, a następnie zwiń nadzienie. Uszczelnij brzegi mieszaniną mąki i wody i pozostaw do wyschnięcia na 30 minut. Rozgrzać olej i smażyć sajgonki przez około 10 minut, aż będą chrupiące i złociste. Dobrze odcedź przed podaniem.

Mięso mielone na parze

dla 4 osób

450 g mielonej wieprzowiny (mielonej)
5 ml / 1 łyżeczka mąki kukurydzianej (skrobi kukurydzianej)
2,5 ml / ½ łyżeczki soli
10 ml / 2 łyżeczki sosu sojowego

Wymieszaj wieprzowinę z resztą składników i rozłóż mieszaninę w płytkim naczyniu do pieczenia. Umieścić w parowarze nad wrzącą wodą i gotować na parze przez około 30 minut, aż będzie ugotowane. Podawać na gorąco.

Pieczona wieprzowina z mięsem kraba

dla 4 osób

225 g mięsa kraba, płatki
100 g posiekanych grzybów
100 g posiekanych pędów bambusa
5 ml / 1 łyżeczka mąki kukurydzianej (skrobi kukurydzianej)
2,5 ml / ½ łyżeczki soli
225 g gotowanej wieprzowiny, pokrojonej w plasterki
1 lekko ubite białko
olej do smażenia
15 ml / 1 łyżka posiekanej świeżej natki pietruszki

Wymieszaj mięso kraba, grzyby, pędy bambusa, większość mąki kukurydzianej i sól. Mięso pokroić w kwadraty o boku 5 cm. Zrób kanapki z mieszanką mięsa kraba. Pokryty białkiem. Rozgrzej olej i stopniowo smaż kanapki na złoty kolor. Dobrze odcedź. Podawać posypane natką pietruszki.

Wieprzowina z kiełkami fasoli

dla 4 osób

30 ml / 2 łyżki oleju arachidowego

2,5 ml / ½ łyżeczki soli

2 ząbki czosnku, posiekane

450 g kiełków fasoli

225 g gotowanej wieprzowiny, pokrojonej w kostkę

120 ml / 4 uncje / ½ szklanki bulionu z kurczaka

15 ml / 1 łyżka sosu sojowego

15 ml / 1 łyżka wina ryżowego lub wytrawnego sherry

5 ml / 1 łyżeczka cukru

15 ml / 1 łyżka mąki kukurydzianej (skrobi kukurydzianej)

2,5 ml / ½ łyżeczki oleju sezamowego

3 cebule dymki (zielona cebula), posiekane

Rozgrzej oliwę i podsmaż sól i czosnek, aż lekko się zarumienią. Dodaj kiełki fasoli i wieprzowinę i smaż przez 2 minuty. Dodać połowę bulionu, doprowadzić do wrzenia, przykryć i gotować 3 minuty. Resztę sosu wymieszać z pozostałymi składnikami, połączyć w rondlu, doprowadzić do wrzenia i gotować, mieszając, przez 4 minuty. Podawać posypane szczypiorkiem.

Zwykły kurczak w cieście

dla 4 osób

1 pierś z kurczaka, pokrojona w cienkie plasterki

2 plasterki korzenia imbiru, posiekane

2 cebule dymki (zielona cebula), posiekane

15 ml / 1 łyżka mąki kukurydzianej (skrobi kukurydzianej)

15 ml / 1 łyżka wina ryżowego lub wytrawnego sherry

30 ml / 2 łyżki wody

2,5 ml / ½ łyżeczki soli

45 ml / 3 łyżki oleju arachidowego

100 g pokrojonych pędów bambusa

100g pokrojonych w plasterki grzybów

100 g kiełków fasoli

15 ml / 1 łyżka sosu sojowego

5 ml / 1 łyżeczka cukru

120 ml / 4 uncje / ½ szklanki bulionu z kurczaka

Umieść kurczaka w misce. Wymieszać imbir, dymkę, skrobię kukurydzianą, wino lub sherry, wodę i sól, dodać do kurczaka i odstawić na 1 godzinę. Rozgrzej połowę oleju i podsmaż kurczaka, aż się lekko zrumieni, a następnie zdejmij z patelni. Rozgrzać pozostały olej i smażyć pędy bambusa, grzyby i kiełki fasoli przez 4 minuty. Dodać sos sojowy, cukier i bulion, doprowadzić do wrzenia, przykryć i gotować na wolnym ogniu przez 5 minut, aż warzywa będą miękkie. Włóż kurczaka z powrotem na patelnię, dobrze wymieszaj i delikatnie podgrzej przed podaniem.

Kurczak w sosie pomidorowym

dla 4 osób

30 ml / 2 łyżki oleju arachidowego

5 ml / 1 łyżeczka soli

2 ząbki czosnku, posiekane

450 g / 1 funt kurczaka pokrojonego w kostkę

300 ml / ½ porcji / 1¼ szklanki bulionu z kurczaka

120 ml / 4 uncje / ½ szklanki sosu pomidorowego (ketchup)

15 ml / 1 łyżka mąki kukurydzianej (skrobi kukurydzianej)

4 dymki (zielona cebula), pokrojone w plasterki

Rozgrzej oliwę z solą i czosnkiem, aż czosnek będzie lekko brązowy. Dodaj kurczaka i smaż, aż lekko się zrumieni. Dodać większość bulionu, doprowadzić do wrzenia, przykryć i dusić około 15 minut, aż kurczak będzie ugotowany. Resztę sosu wymieszaj z sosem pomidorowym i mąką kukurydzianą i wymieszaj na patelni. Gotuj na małym ogniu, mieszając, aż sos zgęstnieje i stanie się klarowny. Jeśli sos jest zbyt rzadki, gotuj chwilę, aż zgęstnieje. Dodaj przegrzebki i gotuj na wolnym ogniu przez 2 minuty przed podaniem.

Kurczak Pomidorowy

dla 4 osób

225 g pokrojonego w kostkę kurczaka
15 ml / 1 łyżka mąki kukurydzianej (skrobi kukurydzianej)
15 ml / 1 łyżka sosu sojowego
15 ml / 1 łyżka wina ryżowego lub wytrawnego sherry
45 ml / 3 łyżki oleju arachidowego
1 cebula, pokrojona w kostkę
60 ml / 4 łyżki bulionu z kurczaka
5 ml / 1 łyżeczka soli
5 ml / 1 łyżeczka cukru
2 pomidory, obrane i pokrojone w kostkę

Wymieszaj kurczaka ze skrobią kukurydzianą, sosem sojowym i winem lub sherry i odstaw na 30 minut. Rozgrzej olej i smaż kurczaka, aż zmieni kolor na biały. Dodać cebulę i smażyć do miękkości. Dodać bulion, sól i cukier, doprowadzić do wrzenia i delikatnie mieszać na małym ogniu, aż kurczak będzie ugotowany. Dodaj pomidory i mieszaj, aż się rozgrzeją.

Gulasz Z Kurczaka Z Pomidorami

dla 4 osób

4 porcje kurczaka

4 pomidory, obrane i pokrojone na ćwiartki

15 ml / 1 łyżka wina ryżowego lub wytrawnego sherry

15 ml / 1 łyżka oleju arachidowego

Sól

Umieść kurczaka na patelni i zalej zimną wodą. Doprowadź do wrzenia, przykryj i gotuj na wolnym ogniu przez 20 minut. Dodaj pomidory, wino lub sherry, oliwę i sól, przykryj i gotuj na wolnym ogniu przez kolejne 10 minut, aż kurczak będzie ugotowany. Połóż kurczaka na podgrzanym talerzu i pokrój go na porcje. Podgrzej sos i polej nim kurczaka.

Kurczak i pomidory z sosem z czarnej fasoli

dla 4 osób

45 ml / 3 łyżki oleju arachidowego

1 ząbek zmiażdżonego czosnku

45 ml / 3 łyżki. sos z czarnej fasoli

225 g pokrojonego w kostkę kurczaka

15 ml / 1 łyżka wina ryżowego lub wytrawnego sherry

5 ml / 1 łyżeczka cukru

15 ml / 1 łyżka sosu sojowego

90 ml / 6 łyżek bulionu z kurczaka

3 pomidory, obrane i pokrojone na ćwiartki

10 ml / 2 łyżeczki mąki kukurydzianej (skrobi kukurydzianej)

45 ml / 3 łyżki wody

Rozgrzej oliwę i smaż czosnek przez 30 sekund. Dodaj sos z czarnej fasoli i gotuj przez 30 sekund, następnie dodaj kurczaka i mieszaj, aż całkowicie pokryje się olejem. Dodać wino lub sherry, cukier, sos sojowy i bulion, doprowadzić do wrzenia, przykryć i gotować na wolnym ogniu przez około 5 minut, aż kurczak będzie ugotowany. Zmieszaj skrobię kukurydzianą z wodą na pastę, dodaj do garnka i gotuj, mieszając, aż sos będzie klarowny i gęsty.

Smażony kurczak z warzywami

dla 4 osób

1 białko jaja

50 g mąki kukurydzianej (kukurydzianej)

225 g piersi z kurczaka pokrojonej w paski

75 ml / 5 łyżek oleju arachidowego

200 g pędów bambusa pokrojonych w paski

50 g kiełków fasoli

1 zielona papryka pokrojona w paski

3 dymki (zielona cebula), pokrojone w plasterki

1 plasterek korzenia imbiru, posiekany

1 ząbek czosnku, drobno posiekany

15 ml / 1 łyżka wina ryżowego lub wytrawnego sherry

Białka ubić ze skrobią kukurydzianą i zanurzyć w tej mieszance paski kurczaka. Rozgrzej olej na średnim ogniu i smaż kurczaka przez kilka minut, aż będzie ugotowany. Zdjąć z patelni i dobrze odsączyć. Na patelnię dodaj pędy bambusa, kiełki fasoli, paprykę, cebulę, imbir i czosnek i smaż przez 3 minuty. Dodaj wino lub sherry i włóż kurczaka z powrotem na patelnię. Dobrze wymieszaj i podgrzej przed podaniem.

kurczak z orzechami

dla 4 osób

45 ml / 3 łyżki oleju arachidowego

2 cebule dymki (zielona cebula), posiekane

1 plasterek korzenia imbiru, posiekany

450 g piersi z kurczaka, pokrojonej w bardzo cienkie plasterki

50 g posiekanej szynki

30 ml / 2 łyżki sosu sojowego

30 ml / 2 łyżki wina ryżowego lub wytrawnego sherry

5 ml / 1 łyżeczka cukru

5 ml / 1 łyżeczka soli

100 g / 4 uncje / 1 szklanka posiekanych orzechów włoskich

Rozgrzej olej i smaż cebulę i imbir przez 1 minutę. Dodaj kurczaka i szynkę i gotuj przez 5 minut, aż będą prawie ugotowane. Dodaj sos sojowy, wino lub sherry, cukier i sól i gotuj 3 minuty. Dodać orzechy i smażyć przez 1 minutę, aż składniki dobrze się połączą.

Kurczak Orzechowy

dla 4 osób

*100 g / 4 uncje / 1 szklanka łuskanych orzechów włoskich,
przekrojonych na pół*

olej do smażenia

45 ml / 3 łyżki oleju arachidowego

2 plasterki korzenia imbiru, posiekane

225 g pokrojonego w kostkę kurczaka

100 g pokrojonych pędów bambusa

75 ml / 5 łyżek bulionu z kurczaka

Przygotuj orzechy, rozgrzej olej i smaż orzechy, aż będą złociste i dobrze odsączone. Rozgrzej olej arachidowy i smaż imbir przez 30 sekund. Dodaj kurczaka i smaż, aż lekko się zrumieni. Dodaj pozostałe składniki, zagotuj i gotuj, mieszając, aż kurczak będzie ugotowany.

Kurczak z kasztanowca wodnego

dla 4 osób

45 ml / 3 łyżki oleju arachidowego

2 ząbki czosnku, posiekane

2 cebule dymki (zielona cebula), posiekane

1 plasterek korzenia imbiru, posiekany

225 g piersi z kurczaka, pokrojonej w plasterki

100 g posiekanych kasztanów wodnych

45 ml / 3 łyżki sosu sojowego

15 ml / 1 łyżka wina ryżowego lub wytrawnego sherry

5 ml / 1 łyżeczka mąki kukurydzianej (skrobi kukurydzianej)

Rozgrzej oliwę i podsmaż czosnek, dymkę i imbir, aż się lekko zrumienią. Dodaj kurczaka i smaż przez 5 minut. Dodać kasztany wodne i smażyć przez 3 minuty. Dodaj sos sojowy, wino lub sherry i mąkę kukurydzianą i gotuj przez około 5 minut, aż kurczak będzie ugotowany.

Pikantny kurczak z kasztanami wodnymi

dla 4 osób

30 ml / 2 łyżki oleju arachidowego

4 kawałki kurczaka

3 cebule dymki (zielona cebula), posiekane

2 ząbki czosnku, posiekane

1 plasterek korzenia imbiru, posiekany

250 ml / 8 uncji / 1 szklanka sosu sojowego

30 ml / 2 łyżki wina ryżowego lub wytrawnego sherry

30 ml / 2 łyżki brązowego cukru

5 ml / 1 łyżeczka soli

375 ml / 13 uncji / 1¼ szklanki wody

225 g posiekanych kasztanów wodnych

15 ml / 1 łyżka mąki kukurydzianej (skrobi kukurydzianej)

Rozgrzej olej i smaż kawałki kurczaka na złoty kolor. Dodaj dymkę, czosnek i imbir i smaż przez 2 minuty. Dodaj sos sojowy, wino lub sherry, cukier i sól i dobrze wymieszaj. Dodać wodę, zagotować, przykryć i gotować 20 minut. Dodać kasztany wodne, przykryć i gotować kolejne 20 minut. Mąkę kukurydzianą wymieszać z odrobiną wody, dodać do sosu i gotować, mieszając, aż sos stanie się klarowny i zgęstnieje.

ravioli z kurczakiem

dla 4 osób

4 suszone grzyby chińskie
450 g / 1 funt piersi z kurczaka, rozdrobnionej
225 g mieszanki warzywnej, posiekanej
1 cebula dymka, posiekana
15 ml / 1 łyżka sosu sojowego
2,5 ml / ½ łyżeczki soli
40 opakowań wontonowych
1 ubite jajko

Grzyby namoczyć w letniej wodzie na 30 minut i odcedzić. Odrzuć łodygi i posiekaj wierzchołki. Wymieszać z kurczakiem, warzywami, sosem sojowym i solą.

Aby złożyć wontony, weź opakowanie w lewą rękę i włóż trochę nadzienia do środka. Brzegi posmarować jajkiem, ciasto złożyć w trójkąt i skleić brzegi. Zwilż rogi jajkiem i odwróć.

Zagotuj garnek wody. Dodaj wontony i gotuj przez około 10 minut, aż wypłyną na powierzchnię.

chrupiące skrzydełka z kurczaka

dla 4 osób

900 g skrzydełek z kurczaka
60 ml / 4 łyżki wina ryżowego lub wytrawnego sherry
60 ml / 4 łyżki sosu sojowego
50 g / 2 uncje / ½ szklanki mąki kukurydzianej (mąki kukurydzianej)
olej arachidowy do smażenia

Włóż skrzydełka kurczaka do miski. Wymieszaj pozostałe składniki i polej skrzydełka kurczaka, dobrze mieszając, aby pokryły się sosem. Przykryj i odstaw na 30 minut. Rozgrzej olej i smaż kurczaka po kilka na raz, aż będzie ugotowany i ciemnobrązowy. Dobrze odsącz na papierze chłonnym i trzymaj w cieple podczas smażenia reszty kurczaka.

Pięć pikantnych skrzydełek z kurczaka

dla 4 osób

30 ml / 2 łyżki oleju arachidowego
2 ząbki czosnku, posiekane
450g/1kg skrzydełka z kurczaka
250 ml / 8 uncji / 1 szklanka bulionu z kurczaka
30 ml / 2 łyżki sosu sojowego
5 ml / 1 łyżeczka cukru
5 ml / 1 łyżeczka proszku pięciu przypraw

Podgrzej oliwę i czosnek, aż czosnek będzie lekko brązowy. Dodaj kurczaka i smaż, aż lekko się zrumieni. Dodać resztę składników, dobrze wymieszać i doprowadzić do wrzenia. Przykryj i gotuj na wolnym ogniu przez około 15 minut, aż kurczak będzie ugotowany. Zdejmij pokrywkę i kontynuuj gotowanie na małym ogniu, od czasu do czasu mieszając, aż większość płynu odparuje. Podawać na gorąco lub na zimno.

Marynowane skrzydełka z kurczaka

dla 4 osób

45 ml / 3 łyżki sosu sojowego
45 ml / 3 łyżki. łyżka wina ryżowego lub wytrawnego sherry
30 ml / 2 łyżki brązowego cukru
5 ml / 1 łyżeczka startego korzenia imbiru
2 ząbki czosnku, posiekane
6 dymek (zielona cebula), pokrojonych w plasterki
450g/1kg skrzydełka z kurczaka
30 ml / 2 łyżki oleju arachidowego
225 g pokrojonych pędów bambusa
20 ml / 4 łyżeczki mąki kukurydzianej (skrobi kukurydzianej)
175 ml / 6 uncji / ¾ szklanki bulionu z kurczaka

Wymieszaj sos sojowy, wino lub sherry, cukier, imbir, czosnek i dymkę. Dodaj skrzydełka z kurczaka i wrzuć do sierści. Przykryć i odstawić na 1 godzinę, od czasu do czasu mieszając. Rozgrzej olej i smaż pędy bambusa przez 2 minuty. Zdejmij je z patelni. Odcedzić kurczaka i cebulę, zachowując marynatę. Ponownie rozgrzej olej i smaż kurczaka ze wszystkich stron na złoty kolor. Przykryj i gotuj przez kolejne 20 minut, aż kurczak będzie ugotowany. Wymieszaj skrobię kukurydzianą z sosem i zarezerwowaną marynatą. Dodać kurczaka i smażyć, mieszając, aż sos zgęstnieje. Dodaj pędy bambusa i smaż przez kolejne 2 minuty, mieszając.

Królewskie skrzydełka z kurczaka

dla 4 osób

12 skrzydełek z kurczaka
250 ml / 8 uncji / 1 szklanka oleju arachidowego (olej arachidowy)
15 ml / 1 łyżka cukru pudru
2 dymki (zielona cebula), pokrojone na kawałki
5 plasterków korzenia imbiru
5 ml / 1 łyżeczka soli
45 ml / 3 łyżki sosu sojowego
250 ml / 8 uncji / 1 szklanka wina ryżowego lub wytrawnego sherry
250 ml / 8 uncji / 1 szklanka bulionu z kurczaka
10 plastrów pędów bambusa
15 ml / 1 łyżka mąki kukurydzianej (skrobi kukurydzianej)
15 ml / 1 łyżka wody
2,5 ml / ½ łyżeczki oleju sezamowego

Skrzydełka z kurczaka gotuj przez 5 minut we wrzącej wodzie i dobrze je odsącz. Rozgrzej olej, dodaj cukier i mieszaj, aż się rozpuści i nabierze złotego koloru. Dodać kurczaka, dymkę, imbir, sól, sos sojowy, wino i bulion, doprowadzić do wrzenia i gotować na wolnym ogniu przez 20 minut. Dodaj pędy bambusa i gotuj przez 2 minuty, aż płyn prawie odparuje. Mąkę kukurydzianą wymieszaj z wodą, dodaj do rondelka i mieszaj, aż zgęstnieje. Przełóż skrzydełka kurczaka na ciepły talerz i podawaj skropione olejem sezamowym.

Przyprawione Skrzydełka Z Kurczaka

dla 4 osób

30 ml / 2 łyżki oleju arachidowego

5 ml / 1 łyżeczka soli

2 ząbki czosnku, posiekane

900 g skrzydełek z kurczaka

30 ml / 2 łyżki wina ryżowego lub wytrawnego sherry

30 ml / 2 łyżki sosu sojowego

30 ml / 2 łyżki przecieru pomidorowego (pasty)

15 ml / 1 łyżka. łyżka sosu Worcester

Rozgrzej oliwę, sól i czosnek i smaż, aż czosnek będzie lekko brązowy. Dodaj skrzydełka z kurczaka i smaż, często mieszając, przez około 10 minut, aż się zarumienią i będą prawie ugotowane. Dodaj resztę składników i smaż przez około 5 minut, aż kurczak będzie chrupiący i ugotowany.

grillowane udka z kurczaka

dla 4 osób

16 udek z kurczaka

30 ml / 2 łyżki wina ryżowego lub wytrawnego sherry

30 ml / 2 łyżki octu winnego

30 ml / 2 łyżki oliwy z oliwek

sól i świeżo zmielony pieprz

120 ml / 4 uncje / ½ szklanki soku pomarańczowego

30 ml / 2 łyżki sosu sojowego

30 ml / 2 łyżki miodu

15 ml / 1 łyżka soku z cytryny

2 plasterki korzenia imbiru, posiekane

120 ml / 4 uncje / ½ szklanki sosu chili

Wszystkie składniki oprócz sosu chili wymieszać, przykryć i marynować przez noc w lodówce. Wyjmij kurczaka z marynaty i piecz lub grilluj przez około 25 minut, obracając i polewając sosem chili podczas gotowania.

Udka Z Kurczaka Hoisin

dla 4 osób

8 udek z kurczaka
600 ml / 1 sztuka / 2½ szklanki bulionu z kurczaka
sól i świeżo zmielony pieprz
250 ml / 8 uncji / 1 szklanka sosu hoisin
30 ml / 2 łyżki. mąka uniwersalna
2 ubite jajka
100 g / 4 uncje / 1 szklanka bułki tartej
olej do smażenia

Kości i sos włóż do rondla, zagotuj, przykryj i gotuj przez 20 minut, aż będą miękkie. Zdejmij kurczaka z patelni i osusz go ręcznikiem papierowym. Kurczaka włóż do miski i dopraw solą i pieprzem. Polać sosem hoisin i pozostawić do marynowania na 1 godzinę. pusty. Obtocz kurczaka w mące, następnie w jajku i bułce tartej, a następnie ponownie w jajku i bułce tartej. Rozgrzej olej i smaż kurczaka przez około 5 minut, aż uzyska złoty kolor. Odsączyć na papierze chłonnym i podawać na ciepło lub na zimno.

smażony kurczak

Na 4 do 6 porcji

75 ml / 5 łyżek oleju arachidowego

1 kurczak

3 dymki (zielona cebula), pokrojone w plasterki

3 plasterki korzenia imbiru

120 ml / 4 uncje / ½ szklanki sosu sojowego

30 ml / 2 łyżki wina ryżowego lub wytrawnego sherry

5 ml / 1 łyżeczka cukru

Rozgrzej olej i smaż kurczaka na złoty kolor. Dodaj dymkę, imbir, sos sojowy i wino lub sherry i zagotuj. Przykryć i dusić przez 30 minut, od czasu do czasu obracając. Dodaj cukier, przykryj i gotuj przez kolejne 30 minut, aż kurczak będzie ugotowany.

Chrupiący smażony kurczak

dla 4 osób

1 kurczak

Sól

30 ml / 2 łyżki wina ryżowego lub wytrawnego sherry

3 dymki (zielona cebula), pokrojone w kostkę

1 plasterek korzenia imbiru

30 ml / 2 łyżki sosu sojowego

30 ml / 2 łyżki cukru

5 ml / 1 łyżeczka całych goździków

5 ml / 1 łyżeczka soli

5 ml / 1 łyżeczka pieprzu

150 ml / ¼ części / obfite ½ szklanki bulionu z kurczaka

olej do smażenia

1 sałata, posiekana

4 pomidory pokrojone w plasterki

½ pokrojonego ogórka

Kurczaka nacieramy solą i odstawiamy na 3 godziny. Opłucz i włóż do miski. Dodać wino lub sherry, imbir, sos sojowy, cukier, goździki, sól, pieprz i bulion i dobrze wymieszać. Umieścić miskę w naczyniu do gotowania na parze, przykryć i gotować na parze przez około 2,5 godziny, aż kurczak będzie ugotowany. pusty. Rozgrzej olej, aż zacznie dymić, następnie dodaj kurczaka i smaż na złoty kolor. Smaż jeszcze 5 minut, wyjmij z oleju i odcedź. Pokrój na kawałki i połóż na rozgrzanym talerzu. Udekoruj sałatą, pomidorami i ogórkiem, podawaj z sosem soli i pieprzu.

Cały smażony kurczak

5 za porcję

1 kurczak
10 ml / 2 łyżeczki soli
15 ml / 1 łyżka wina ryżowego lub wytrawnego sherry
2 cebule dymki (zielona cebula), przekrojone na pół
3 plasterki korzenia imbiru pokrojonego w paski
olej do smażenia

Osusz kurczaka i natrzyj skórę solą oraz winem lub sherry. W zagłębieniu umieść dymkę i imbir. Kurczaka odstawiamy do wyschnięcia w chłodnym miejscu na około 3 godziny.
Rozgrzej olej i włóż kurczaka do kosza do smażenia. Ostrożnie wlej olej i kontynuuj smarowanie wewnątrz i na zewnątrz, aż kurczak będzie blady. Wyjąć z oleju i pozostawić do lekkiego ostygnięcia, podczas gdy olej się rozgrzeje. Smażyć ponownie na złoty kolor. Dobrze odcedź, a następnie pokrój na kawałki.

Kurczak w pięciu smakach

Na 4 do 6 porcji

1 kurczak

120 ml / 4 uncje / ½ szklanki sosu sojowego

Korzeń imbiru o długości 2,5 cm, posiekany

1 ząbek zmiażdżonego czosnku

15 ml / 1 łyżka proszku pięć przypraw

30 ml / 2 łyżki wina ryżowego lub wytrawnego sherry

30 ml / 2 łyżki miodu

2,5 ml / ½ łyżeczki oleju sezamowego

olej do smażenia

30 ml / 2 łyżki soli

5 ml / 1 łyżeczka świeżo zmielonego pieprzu

Kurczaka włóż do dużego rondla i zalej do połowy wodą. Zachowaj 15 ml/1 łyżkę sosu sojowego i dodaj resztę do patelni, imbiru, czosnku i połowy proszku pięciu przypraw. Doprowadź do wrzenia, przykryj i gotuj na wolnym ogniu przez 5 minut. Wyłącz ogień i pozostaw kurczaka w wodzie, aż woda będzie letnia. pusty.

Kurczaka przekrój wzdłuż i ułóż przecięciem do dołu w naczyniu do pieczenia. Wymieszaj pozostały sos sojowy i pięć przypraw w proszku z winem lub sherry, miodem i olejem sezamowym. Natrzeć kurczaka mieszanką i odstawić na 2 godziny, od czasu do czasu polewając mieszanką. Rozgrzej olej i smaż połówki kurczaka przez około 15 minut, aż będą złociste i ugotowane. Odsączyć na papierze chłonnym i pokroić na kawałki.

W międzyczasie doprawić solą i pieprzem i smażyć na suchej patelni przez około 2 minuty. Podawać w sosie z kurczakiem.

Kurczak z imbirem i szczypiorkiem

dla 4 osób

1 kurczak

2 plasterki korzenia imbiru pokrojonego w paski

sól i świeżo zmielony pieprz

90 ml / 4 łyżki oleju arachidowego (mielonego)

8 dymek (zielona cebula), posiekanych

10 ml / 2 łyżeczki octu białego

5 ml / 1 łyżeczka sosu sojowego

Umieść kurczaka w dużym rondlu, dodaj połowę imbiru i zalej taką ilością wody, aby prawie przykryła kurczaka. Doprawić solą i pieprzem. Doprowadzić do wrzenia, przykryć i gotować na wolnym ogniu przez około 1 godzinę i 15 minut, aż będą miękkie. Pozostaw kurczaka w sosie, aż ostygnie. Odcedź kurczaka i włóż go do lodówki. Pokroić na kawałki.

Pozostałą część imbiru zetrzeć na tarce i wymieszać z oliwą, dymką, octem winnym i sosem sojowym oraz solą i pieprzem. Przechowywać w lodówce 1 godzinę. Kawałki kurczaka włóż do miski i polej sosem imbirowym. Podawać z ryżem gotowanym na parze.

smażony kurczak

dla 4 osób

1 kurczak
1,2 L / 2 pkt / 5 szklanek bulionu lub wody
30 ml / 2 łyżki wina ryżowego lub wytrawnego sherry
4 dymki (zielona cebula), posiekane
1 plasterek korzenia imbiru
5 ml / 1 łyżeczka soli

Umieść kurczaka w dużym rondlu wraz ze wszystkimi pozostałymi składnikami. Rosół lub woda powinny sięgać do połowy uda. Doprowadź do wrzenia, przykryj i gotuj na wolnym ogniu przez około 1 godzinę, aż kurczak będzie ugotowany. Odcedzić, a bulion zachować do zupy.

Gotowany czerwony kurczak

dla 4 osób

1 kurczak

250 ml / 8 uncji / 1 szklanka sosu sojowego

Umieść kurczaka na patelni, polej go sosem sojowym i zalej taką ilością wody, aby prawie przykryła kurczaka. Doprowadź do wrzenia, przykryj i gotuj na wolnym ogniu, aż kurczak będzie miękki, około 1 godziny, od czasu do czasu obracając.

Czerwony kurczak gotowany z przyprawami

dla 4 osób

2 plasterki korzenia imbiru
2 cebule (zielona cebula)
1 kurczak
3 strąki anyżu gwiazdkowatego
½ laski cynamonu
15 ml / 1 łyżka pieprzu syczuańskiego
75 ml / 5 łyżek sosu sojowego
75 ml / 5 łyżek. łyżka wina ryżowego lub wytrawnego sherry
75 ml / 5 łyżek oleju sezamowego
15 ml / 1 łyżka cukru

Umieść imbir i dymkę w zagłębieniu kurczaka, a kurczaka włóż na patelnię. Anyż, cynamon i pieprz zawiązać kawałkiem gazy i dodać na patelnię. Wlać sos sojowy, wino lub sherry i olej sezamowy. Doprowadź do wrzenia, przykryj i gotuj na wolnym ogniu przez około 45 minut. Dodaj cukier, przykryj i gotuj przez kolejne 10 minut, aż kurczak będzie ugotowany.

pieczony kurczak z sezamem

dla 4 osób

50 g nasion sezamu

1 cebula, drobno posiekana

2 ząbki zmiażdżonego czosnku

10 ml / 2 łyżeczki soli

1 suszona czerwona papryka, zmiażdżona

szczypta zmielonych goździków

2,5 ml / ½ łyżeczki mielonego kardamonu

2,5 ml / ½ łyżeczki mielonego imbiru

75 ml / 5 łyżek oleju arachidowego

1 kurczak

Wymieszaj wszystkie przyprawy i olej, przykryj kurczaka. Przełóż do rondelka i dodaj 30 ml / 2 łyżki wody. Piec w piekarniku nagrzanym do 180°C/350°F/stopień gazu 4 przez około 2 godziny, polewając i od czasu do czasu obracając kurczaka, aż będzie złocistobrązowy i ugotowany. W razie potrzeby dodać trochę wody, aby uniknąć przypalenia.

Sos sojowy z kurczaka

Na 4 do 6 porcji

300 ml / ½ szklanki / 1 ¼ szklanki sosu sojowego
300 ml / ½ pt / 1 ¼ szklanki wina ryżowego lub wytrawnego sherry
1 posiekana cebula
3 plasterki imbiru, posiekane
50 g / 2 uncje / ¼ szklanki cukru
1 kurczak
15 ml / 1 łyżka mąki kukurydzianej (skrobi kukurydzianej)
60 ml / 4 łyżki wody
1 ogórek, obrany i pokrojony w plasterki
30 ml / 2 łyżki posiekanej świeżej natki pietruszki

Połącz sos sojowy, wino lub sherry, cebulę, imbir i cukier w rondlu i zagotuj. Dodaj kurczaka, zagotuj, przykryj i gotuj na wolnym ogniu przez 1 godzinę, od czasu do czasu obracając kurczaka, aż będzie ugotowany. Przełożyć kurczaka na ciepły talerz i pokroić. Wlej całość oprócz 250 ml / 8 uncji / 1 szklanki płynu z gotowania i ponownie zagotuj. Zmieszaj skrobię kukurydzianą z wodą na pastę, dodaj do garnka i gotuj, mieszając, aż sos będzie klarowny i gęsty. Posmaruj kurczaka sosem i udekoruj go ogórkiem i natką pietruszki. Resztę sosu podawaj osobno.

kurczak na parze

dla 4 osób

1 kurczak

45 ml / 3 łyżki. łyżka wina ryżowego lub wytrawnego sherry

Sól

2 plasterki korzenia imbiru

2 cebule (zielona cebula)

250 ml / 8 uncji / 1 szklanka bulionu z kurczaka

Umieść kurczaka w naczyniu do pieczenia, natrzyj winem lub sherry i solą, a następnie włóż imbir i dymkę do zagłębienia. Miskę postaw na stojaku do gotowania na parze, przykryj i gotuj na parze nad wrzącą wodą przez około 1 godzinę, aż będą miękkie. Podawać na gorąco lub na zimno.

Kurczak na parze z anyżem

dla 4 osób
250 ml / 8 uncji / 1 szklanka sosu sojowego
250 ml / 8 uncji płynu / 1 szklanka wody
15 ml / 1 łyżka brązowego cukru
4-gwiazdkowe pazury
1 kurczak

Połącz sos sojowy, wodę, cukier i anyż gwiazdkowaty w rondlu i zagotuj na małym ogniu. Umieść kurczaka w misce i dobrze pokryj mieszaniną wewnątrz i na zewnątrz. Podgrzej ponownie mieszaninę i powtórz. Ułóż kurczaka w naczyniu do zapiekania. Miskę postaw na stojaku do gotowania na parze, przykryj i gotuj na parze nad wrzącą wodą przez około 1 godzinę, aż będą miękkie.

kurczak, który smakuje dziwnie

dla 4 osób

1 kurczak

5 ml / 1 łyżeczka mielonego korzenia imbiru

5 ml / 1 łyżeczka mielonego czosnku

45 ml / 3 łyżki gęstego sosu sojowego

5 ml / 1 łyżeczka cukru

2,5 ml / ½ łyżeczki octu winnego

10 ml / 2 łyżeczki sosu sezamowego

5 ml / 1 łyżeczka świeżo zmielonego pieprzu

10 ml / 2 łyżeczki oleju chili

½ sałaty, posiekanej

15 ml / 1 łyżka posiekanej świeżej kolendry

Kurczaka włóż do rondla i zalej wodą, aż osiągnie środek piersi kurczaka. Doprowadź do wrzenia, przykryj i gotuj na wolnym ogniu przez około 1 godzinę, aż kurczak będzie ugotowany. Zdjąć z patelni, dobrze odsączyć i namoczyć w lodowatej wodzie, aż mięso całkowicie wystygnie. Dobrze odcedź i pokrój na kawałki o wielkości 2/5 cm. Pozostałe składniki wymieszać i polać kurczaka. Podawać udekorowane sałatą i kolendrą.

Chrupiące kawałki kurczaka

dla 4 osób

100 g mąki uniwersalnej

szczypta soli

15 ml / 1 łyżka wody

1 jajko

350 g ugotowanego kurczaka, pokrojonego w kostkę

olej do smażenia

Wymieszaj mąkę, sól, wodę i jajko, aż uzyskasz sztywne ciasto, w razie potrzeby dodając odrobinę wody. Zanurzaj kawałki kurczaka w cieście, aż będą dobrze pokryte. Rozgrzej dobrze olej i smaż kurczaka przez kilka minut, aż będzie chrupiący i złocisty.

Kurczak Z Fasolką Zieloną

dla 4 osób

45 ml / 3 łyżki oleju arachidowego

450 g gotowanego kurczaka, pokrojonego w plasterki

5 ml / 1 łyżeczka soli

2,5 ml / ½ łyżeczki świeżo zmielonego pieprzu

225 g fasolki szparagowej, pokrojonej na kawałki

1 łodyga selera, przecięta ukośnie

225 g pokrojonych w plasterki grzybów

250 ml / 8 uncji / 1 szklanka bulionu z kurczaka

30 ml / 2 łyżki mąki kukurydzianej (skrobi kukurydzianej)

60 ml / 4 łyżki wody

10 ml / 2 łyżeczki sosu sojowego

Rozgrzej olej i podsmaż kurczaka, dopraw solą i pieprzem, aż się lekko zrumieni. Dodać fasolę, seler i grzyby i dobrze wymieszać. Dodajemy bulion, doprowadzamy do wrzenia, przykrywamy i gotujemy 15 minut. Zmieszaj mąkę kukurydzianą, wodę i sos sojowy na pastę, zamieszaj w rondlu i gotuj, mieszając, aż sos będzie klarowny i gęsty.

Gotowany kurczak z ananasem

dla 4 osób

45 ml / 3 łyżki oleju arachidowego
225 g gotowanego kurczaka, pokrojonego w kostkę
sól i świeżo zmielony pieprz
2 łodygi selera pokrojone ukośnie
3 plasterki ananasa pokrojonego na kawałki
120 ml / 4 uncje / ½ szklanki bulionu z kurczaka
15 ml / 1 łyżka sosu sojowego
10 ml / 2 łyżki mąki kukurydzianej (skrobi kukurydzianej)
30 ml / 2 łyżki wody

Rozgrzej olej i smaż kurczaka, aż się lekko zrumieni. Dopraw solą i pieprzem, dodaj seler i smaż przez 2 minuty. Dodaj ananasa, sos i sos sojowy i mieszaj przez kilka minut, aż się podgrzeją. Zmieszaj skrobię kukurydzianą z wodą na pastę, dodaj ją na patelnię i gotuj, mieszając, aż sos stanie się klarowny i gęsty.

Kurczak z papryką i pomidorami

dla 4 osób

45 ml / 3 łyżki oleju arachidowego

450 g gotowanego kurczaka, pokrojonego w plasterki

10 ml / 2 łyżeczki soli

5 ml / 1 łyżeczka świeżo zmielonego pieprzu

1 zielona papryka pokrojona na kawałki

4 duże pomidory, obrane i pokrojone w plasterki

250 ml / 8 uncji / 1 szklanka bulionu z kurczaka

30 ml / 2 łyżki mąki kukurydzianej (skrobi kukurydzianej)

15 ml / 1 łyżka sosu sojowego

120 ml / 4 uncje / ½ szklanki wody

Rozgrzej olej i usmaż kurczaka, dopraw solą i pieprzem na złoty kolor. Dodaj paprykę i pomidory. Zalewamy sosem, doprowadzamy do wrzenia, przykrywamy i gotujemy 15 minut. Mąkę kukurydzianą, sos sojowy i wodę wymieszać na pastę, wymieszać w rondlu i gotować, mieszając, aż sos będzie klarowny i gęsty.

Sezamowy Kurczak

dla 4 osób

450 g ugotowanego kurczaka pokrojonego w paski
2 plasterki drobnego imbiru
1 cebula dymka, posiekana
sól i świeżo zmielony pieprz
60 ml / 4 łyżki wina ryżowego lub wytrawnego sherry
60 ml / 4 łyżki oleju sezamowego
10 ml / 2 łyżeczki cukru
5 ml / 1 łyżeczka octu winnego
150 ml / ¼ części / obfite ½ szklanki sosu sojowego

Kurczaka ułóż na talerzu i posyp imbirem, dymką, solą i pieprzem. Wymieszaj wino lub sherry, olej sezamowy, cukier, ocet i sos sojowy. Polej kurczaka.

smażony kurczak

dla 4 osób

2 kurczaki przekrojone na pół
45 ml / 3 łyżki sosu sojowego
45 ml / 3 łyżki. łyżka wina ryżowego lub wytrawnego sherry
120 ml / 4 uncji / ½ szklanki oleju arachidowego (olej arachidowy)
1 cebula dymka, posiekana
30 ml / 2 łyżki bulionu z kurczaka
10 ml / 2 łyżeczki cukru
5 ml / 1 łyżeczka oleju chili
5 ml / 1 łyżeczka pasty czosnkowej
sól i pieprz

Umieść pisklęta w misce. Sos sojowy wymieszać z winem lub sherry, polać kurczaka, przykryć i pozostawić do marynowania na 2 godziny, często podlewając. Rozgrzej olej i smaż kurczaka przez około 20 minut, aż będzie miękki. Zdejmij je z patelni i ponownie rozgrzej olej. Wróć na patelnię i smaż na złoty kolor. Spuścić większość oleju. Pozostałe składniki wymieszaj, dodaj na patelnię i szybko podgrzej. Przed podaniem polej kurczaka.

Türkiye z mangetoutem

dla 4 osób

60 ml / 4 łyżki oleju arachidowego
2 cebule dymki (zielona cebula), posiekane
2 ząbki czosnku, posiekane
1 plasterek korzenia imbiru, posiekany
225 g piersi z indyka pokrojonej w paski
225 g groszku śnieżnego
100 g pędów bambusa pokrojonych w paski
50 g kasztanów wodnych, pokrojonych w paski
45 ml / 3 łyżki sosu sojowego
15 ml / 1 łyżka wina ryżowego lub wytrawnego sherry
5 ml / 1 łyżeczka cukru
5 ml / 1 łyżeczka soli
15 ml / 1 łyżka mąki kukurydzianej (skrobi kukurydzianej)

Rozgrzać 45 ml / 3 łyżki oleju i podsmażyć dymkę, czosnek i imbir na lekko złoty kolor. Dodaj indyka i smaż przez 5 minut. Zdjąć z patelni i odstawić. Rozgrzać resztę oleju i smażyć groszek śnieżny, pędy bambusa i kasztany wodne przez 3 minuty. Dodaj sos sojowy, wino lub sherry, cukier i sól i włóż indyka z powrotem na patelnię. Gotuj przez 1 minutę. Skrobię kukurydzianą wymieszać z odrobiną wody, wymieszać w rondelku i gotować, mieszając, aż sos stanie się klarowny i zgęstnieje.

Indyk z papryką

dla 4 osób

4 suszone grzyby chińskie
30 ml / 2 łyżki oleju arachidowego
1 kapusta pekińska, pokrojona w paski
350 g wędzonego indyka pokrojonego w paski
1 posiekana cebula
1 czerwona papryka pokrojona w paski
1 zielona papryka pokrojona w paski
120 ml / 4 uncje / ½ szklanki bulionu z kurczaka
30 ml / 2 łyżki przecieru pomidorowego (pasty)
45 ml / 3 łyżki octu winnego
30 ml / 2 łyżki sosu sojowego
15 ml / 1 łyżka. sos hoisin
10 ml / 2 łyżeczki mąki kukurydzianej (skrobi kukurydzianej)
kilka kropli olejku chili

Grzyby namoczyć w letniej wodzie na 30 minut i odcedzić. Odrzuć łodygi, a wierzch pokrój w paski. Rozgrzać połowę oleju i smażyć kapustę przez około 5 minut lub do momentu, aż będzie ugotowana. Wyjąć z formy. Dodaj indyka i gotuj 1 minutę. Dodać warzywa i smażyć przez 3 minuty. Sos wymieszać z przecierem pomidorowym, octem i sosami i dodać do garnka z kapustą. Skrobię kukurydzianą wymieszać z odrobiną wody, wymieszać w rondlu i mieszając podgrzewać aż do wrzenia. Skropić olejem chili i smażyć przez 2 minuty, ciągle mieszając.

Chiński pieczony indyk

Dla 8 do 10 osób

1 mały indyk
600 ml / 1 punkt / 2½ szklanki gorącej wody
10 ml / 2 łyżki. piment
500 ml / 16 uncji / 2 szklanki sosu sojowego
5 ml / 1 łyżeczka oleju sezamowego
10 ml / 2 łyżeczki soli
45 ml / 3 łyżki masła

Umieść indyka na patelni i zalej go gorącą wodą. Dodać pozostałe składniki oprócz masła i odstawić na 1 godzinę, kilkakrotnie obracając. Wyjmij indyka z płynu i posmaruj masłem. Umieścić w naczyniu do pieczenia, przykryć lekko chłonnym papierem i piec w nagrzanym piekarniku w temperaturze 160°C/325°F/stopień gazu 3 przez około 4 godziny, od czasu do czasu polewając sosem sojowym. Zdjąć folię i pozostawić skórkę chrupiącą na 30 minut.

Indyk z Orzechami i Pieczarkami

dla 4 osób

450 g / 1 kg piersi z indyka

sól i pieprz

1 sok pomarańczowy

15 ml / 1 łyżka mąki uniwersalnej

12 czarnych orzechów włoskich marynowanych we własnym soku

5 ml / 1 łyżeczka mąki kukurydzianej (skrobi kukurydzianej)

15 ml / 1 łyżka oleju arachidowego

2 cebule dymki (zielona cebula), pokrojone w kostkę

225 g grzybów

45 ml / 3 łyżki. łyżka wina ryżowego lub wytrawnego sherry

10 ml / 2 łyżeczki sosu sojowego

50 g / 2 uncje / ½ szklanki masła

25 g / 1 uncja orzeszków piniowych

Indyka pokroić w plastry o grubości 1 cm/½. Posypać solą, pieprzem i sokiem pomarańczowym i posypać mąką. Odcedź i przekrój orzechy na pół, wylej płyn i wymieszaj go ze skrobią kukurydzianą. Rozgrzej olej i smaż indyka na złoty kolor.

Dodaj cebulę i grzyby i smaż przez 2 minuty. Dodaj wino lub sherry i sos sojowy i gotuj przez 30 sekund. Dodaj orzechy do mieszanki mąki kukurydzianej, następnie wlej do rondla i zagotuj. Dodaj masło w małych płatkach, ale nie pozwól, aby mieszanina się zagotowała. Orzeszki piniowe prażymy na suchej patelni na złoty kolor.

Kaczka na pędach bambusa

dla 4 osób

6 suszonych grzybów chińskich
1 kaczka
50 g szynki wędzonej pokrojonej w paski
100 g pędów bambusa pokrojonych w paski
2 cebule dymki (zielona cebula), pokrojone w paski
2 plasterki korzenia imbiru pokrojonego w paski
5 ml / 1 łyżeczka soli

Grzyby namoczyć w letniej wodzie na 30 minut i odcedzić. Odrzuć łodygi, a wierzch pokrój w paski. Wszystkie składniki umieścić w żaroodpornej misce i umieścić w rondlu wypełnionym w dwóch trzecich wodą. Doprowadź do wrzenia, przykryj i gotuj na wolnym ogniu, aż kaczka będzie ugotowana, okcło 2 godzin, w razie potrzeby dodając więcej wrzącej wody.

Kaczka z kiełkami fasoli

dla 4 osób

225 g kiełków fasoli
45 ml / 3 łyżki oleju arachidowego
450 g gotowanego mięsa z kaczki
15 ml / 1 łyżka. Sos z ostryg
15 ml / 1 łyżka wina ryżowego lub wytrawnego sherry
30 ml / 2 łyżki wody
2,5 ml / ½ łyżeczki soli

Kiełki fasoli gotuj we wrzącej wodzie przez 2 minuty, odcedź. Rozgrzej olej, smaż kiełki fasoli przez 30 sekund. Dodać kaczkę, smażyć na złoty kolor. Dodaj resztę składników i smaż przez 2 minuty, aby smaki się połączyły. Natychmiast podawaj.

gulasz z kaczki

dla 4 osób

4 dymki (zielona cebula), posiekane
1 plasterek korzenia imbiru, posiekany
120 ml / 4 uncje / ½ szklanki sosu sojowego
30 ml / 2 łyżki wina ryżowego lub wytrawnego sherry
1 kaczka
120 ml / 4 uncji / ½ szklanki oleju arachidowego (olej arachidowy)
600 ml / 1 pkt / 2½ szklanki wody
15 ml / 1 łyżka brązowego cukru

Wymieszaj dymkę, imbir, sos sojowy i wino lub sherry i natrzyj kaczkę wewnątrz i na zewnątrz. Rozgrzej olej i smaż kaczkę, aż będzie lekko rumiana ze wszystkich stron. Spuścić olej. Dodać wodę i resztę sosu sojowego, doprowadzić do wrzenia, przykryć i gotować przez 1 godzinę. Dodaj cukier, przykryj i gotuj przez kolejne 40 minut, aż kaczka będzie ugotowana.

Kaczka na parze z selerem

dla 4 osób

350 g gotowanej kaczki, pokrojonej w plasterki
1 główka selera
250 ml / 8 uncji / 1 szklanka bulionu z kurczaka
2,5 ml / ½ łyżeczki soli
5 ml / 1 łyżeczka oleju sezamowego
1 pomidor, pokrojony w plasterki

Połóż kaczkę na grillu parowym. Seler pokroić na kawałki o wielkości 3/7,5 cm i dodać na patelnię. Dodać sos, doprawić solą i wstawić parowar na patelnię. Sos zagotować i gotować około 15 minut, aż seler będzie miękki, a kaczka letnia. Połóż kaczkę i seler na rozgrzanym talerzu, skrop seler olejem sezamowym i podawaj udekorowany plasterkami pomidora.

kaczka imbirowa

dla 4 osób

350 g pokrojonej w plasterki piersi z kaczki
1 lekko ubite jajko
5 ml / 1 łyżeczka sosu sojowego
5 ml / 1 łyżeczka mąki kukurydzianej (skrobi kukurydzianej)
5 ml / 1 łyżeczka oleju z masła orzechowego
olej do smażenia
50 g pędów bambusa
50 g groszku śnieżnego (groszek)
2 plasterki korzenia imbiru, posiekane
15 ml / 1 łyżka wody
2,5 ml / ½ łyżeczki cukru
2,5 ml / ½ łyżeczki wina ryżowego lub wytrawnego sherry
2,5 ml / ½ łyżeczki oleju sezamowego

Kaczkę wymieszać z jajkiem, sosem sojowym, skrobią kukurydzianą i olejem i odstawić na 10 minut. Rozgrzej olej i smaż kaczkę oraz pędy bambusa, aż będą miękkie i złociste. Zdjąć z patelni i dobrze odsączyć. Na patelnię wlej całość oprócz 15 ml/1 łyżkę oleju i smaż kaczkę, pędy bambusa, groszek śnieżny, imbir, wodę, cukier i wino lub sherry przez 2 minuty. Podawać skropione olejem sezamowym.

Kaczka z fasolką szparagową

dla 4 osób

1 kaczka

60 ml / 4 łyżki oleju arachidowego

2 ząbki czosnku, posiekane

2,5 ml / ½ łyżeczki soli

1 posiekana cebula

15 ml / 1 łyżka startego korzenia imbiru

45 ml / 3 łyżki sosu sojowego

120 ml / 4 uncje / ½ szklanki wina ryżowego lub wytrawnego sherry

60 ml / 4 łyżki sosu pomidorowego (ketchupu)

45 ml / 3 łyżki octu winnego

300 ml / ½ porcji / 1¼ szklanki bulionu z kurczaka

450 g pokrojonej w plasterki fasolki szparagowej

szczypta świeżo zmielonego pieprzu

5 kropli olejku chili

15 ml / 1 łyżka mąki kukurydzianej (skrobi kukurydzianej)

30 ml / 2 łyżki wody

Kaczkę pokroić na 8 lub 10 kawałków. Rozgrzej olej i smaż kaczkę na złoty kolor. Przełożyć do miski. Dodać czosnek, sól, cebulę, imbir, sos sojowy, wino lub sherry, sos pomidorowy i ocet winny. Wymieszać, przykryć i marynować w lodówce przez 3 godziny.

Ponownie rozgrzej olej, dodaj kaczkę, bulion i marynatę, zagotuj, przykryj i gotuj na wolnym ogniu przez 1 godzinę. Dodać fasolę, przykryć i gotować 15 minut. Dodaj paprykę i olej chili. Mąkę kukurydzianą wymieszaj z wodą, włóż do rondelka i gotuj, mieszając, aż sos zgęstnieje.

kaczka na parze

dla 4 osób

1 kaczka
sól i świeżo zmielony pieprz
olej do smażenia
sos hoisin

Kaczkę doprawić solą i pieprzem i ułożyć w naczyniu do zapiekania. W rondelku napełnionym w 2/3 wodą doprowadzić do wrzenia, przykryć i dusić około 1,5 godziny, aż kaczka będzie miękka. Przefiltruj i ostudź.

Rozgrzej olej i smaż kaczkę, aż będzie chrupiąca i złocista. Wyjąć i dobrze odsączyć. Pokrój na małe kawałki i podawaj z sosem hoisin.

Kaczka z egzotycznymi owocami

dla 4 osób

4 piersi z kaczki pokrojone w paski

2,5 ml / ½ łyżeczki proszku pięciu przypraw

30 ml / 2 łyżki sosu sojowego

15 ml / 1 łyżka oleju sezamowego

15 ml / 1 łyżka oleju arachidowego

3 łodygi selera, pokrojone w kostkę

2 plasterki ananasa, pokrojone w kostkę

100 g melona pokrojonego w kostkę

100 g liczi przekrojonego na pół

130 ml / 4 uncje / ½ szklanki bulionu z kurczaka

30 ml / 2 łyżki przecieru pomidorowego (pasty)

30 ml / 2 łyżki. sos hoisin

10 ml / 2 łyżeczki octu winnego

szczypta brązowego cukru

Umieść kaczkę w misce. Wymieszaj proszek pięciu przypraw, sos sojowy i olej sezamowy, polej kaczkę i pozostaw do marynowania na 2 godziny, od czasu do czasu mieszając. Rozgrzej olej i smaż kaczkę przez 8 minut. Wyjąć z formy. Dodaj seler i owoce i smaż przez 5 minut. Kaczkę włóż z powrotem na patelnię z resztą składników, zagotuj i gotuj przez 2 minuty przed podaniem.

Gulasz z kaczki z chińskimi liśćmi

dla 4 osób

1 kaczka

30 ml / 2 łyżki wina ryżowego lub wytrawnego sherry

30 ml / 2 łyżki. sos hoisin

15 ml / 1 łyżka mąki kukurydzianej (skrobi kukurydzianej)

5 ml / 1 łyżeczka soli

5 ml / 1 łyżeczka cukru

60 ml / 4 łyżki oleju arachidowego

4 dymki (zielona cebula), posiekane

2 ząbki czosnku, posiekane

1 plasterek korzenia imbiru, posiekany

75 ml / 5 łyżek sosu sojowego

600 ml / 1 pkt / 2½ szklanki wody

225 g startych liści chińskich

Kaczkę pokroić na około 6 kawałków. Wymieszaj wino lub sherry, sos hoisin, skrobię kukurydzianą, sól i cukier i posmaruj kaczkę. Pozostaw na 1 godzinę. Rozgrzej oliwę i podsmaż przez kilka sekund dymkę, czosnek i imbir. Dodaj kaczkę i smaż, aż lekko się zarumieni ze wszystkich stron. Odsączyć nadmiar tłuszczu. Dodać sos sojowy i wodę, doprowadzić do wrzenia, przykryć i gotować około 30 minut. Dodaj liście chińskie, ponownie przykryj i gotuj na wolnym ogniu przez kolejne 30 minut, aż kaczka będzie ugotowana.

pijana kaczka

dla 4 osób

2 cebule dymki (zielona cebula), posiekane
2 ząbki zmiażdżonego czosnku
1,5L / 2½ punktu / 6 szklanek wody
1 kaczka
450 ml / ¾ pt / 2 szklanki wina ryżowego lub wytrawnego sherry

W dużym rondlu umieść cebulę, czosnek i wodę i zagotuj. Dodaj kaczkę, zagotuj, przykryj i gotuj przez 45 minut. Dobrze odcedzić, a płyn zachować na sos. Pozwól kaczce ostygnąć, a następnie włóż do lodówki na noc. Kaczkę pokroić na kawałki i umieścić na dużym durszlaku. Polej winem lub sherry i wstaw do lodówki na około 1 tydzień, a następnie polej i podawaj na zimno.

pięć pikantnych kaczek

dla 4 osób

150 ml / ¼ pt / hojne ½ szklanki wina ryżowego lub wytrawnego sherry

150 ml / ¼ części / obfite ½ szklanki sosu sojowego

1 kaczka

10 ml / 2 łyżeczki proszku pięciu przypraw

Zagotuj wino lub sherry i sos sojowy. Dodać kaczkę i smażyć na małym ogniu, obracając przez około 5 minut. Zdejmij kaczkę z patelni i wetrzyj w skórę proszek pięciu smaków. Włóż ptaka z powrotem do garnka i dodaj tyle wody, aby zakryła kaczkę. Doprowadź do wrzenia, przykryj i gotuj na wolnym ogniu przez około 1,5 godziny, aż kaczka będzie miękka, często ją obracając i polewając. Kaczkę pokroić na kawałki o wielkości 5/2 cm i podawać na ciepło lub na zimno.

Pieczona kaczka z imbirem

dla 4 osób

1 kaczka

2 plasterki korzenia imbiru, starte

2 cebule dymki (zielona cebula), posiekane

15 ml / 1 łyżka mąki kukurydzianej (skrobi kukurydzianej)

30 ml / 2 łyżki sosu sojowego

30 ml / 2 łyżki wina ryżowego lub wytrawnego sherry

2,5 ml / ½ łyżeczki soli

45 ml / 3 łyżki oleju arachidowego

Mięso obieramy z kości i kroimy na kawałki. Mięso wymieszać z pozostałymi składnikami oprócz oleju. Pozostaw na 1 godzinę. Rozgrzej olej i smaż kaczkę w marynacie przez około 15 minut, aż kaczka będzie ugotowana.

Kaczka z szynką i porem

dla 4 osób

1 kaczka

450 g / 1 funt szynki wędzonej

2 pory

2 plasterki korzenia imbiru, posiekane

45 ml / 3 łyżki. łyżka wina ryżowego lub wytrawnego sherry

45 ml / 3 łyżki sosu sojowego

2,5 ml / ½ łyżeczki soli

Umieść kaczkę na patelni i po prostu zalej ją zimną wodą. Doprowadź do wrzenia, przykryj i gotuj na wolnym ogniu przez około 20 minut. Przefiltruj i zachowaj 450 ml / ¾ części / 2 szklanki bulionu. Pozwól kaczce lekko ostygnąć, następnie usuń mięso z kości i pokrój je w 5 cm kostkę. Szynkę pokroić na podobne kawałki. Por pokroić w długie kawałki, plasterek kaczki i szynki zawinąć w folię aluminiową i przewiązać wstążką. Umieścić w żaroodpornym pojemniku. Do przygotowanego sosu dodać imbir, wino lub sherry, sos sojowy i sól i polać nim roladki z kaczki. Umieść miskę w rondlu wypełnicnym wodą tak, aby sięgała do dwóch trzecich wysokości boków miski. Doprowadzić do wrzenia

kaczka pieczona w miodzie

dla 4 osób

1 kaczka

Sól

3 ząbki czosnku, posiekane

3 cebule dymki (zielona cebula), posiekane

45 ml / 3 łyżki sosu sojowego

45 ml / 3 łyżki łyżka wina ryżowego lub wytrawnego sherry

45 ml / 3 łyżki miodu

200 ml / 7 uncji / tylko 1 szklanka wrzącej wody

Wysusz kaczkę i natrzyj solą wewnątrz i na zewnątrz. Wymieszaj czosnek, dymkę, sos sojowy i wino lub sherry i podziel mieszaninę na pół. Miód wymieszaj na pół, natrzyj nim kaczkę i pozostaw do wyschnięcia. Do pozostałej mieszanki miodu dodaj wodę. Kaczkę wlać sosem sojowym i położyć na grillu na patelni z odrobiną wody. Piec w piekarniku nagrzanym do 180°C/350°F/stcpień gazu 4 przez około 2 godziny, aż kaczka będzie ugotowana. Podczas gotowania posmaruj pozostałą mieszanką miodu.

wilgotna pieczona kaczka

dla 4 osób

6 cebul dymki (zielona cebula), posiekanych
2 plasterki korzenia imbiru, posiekane
1 kaczka
2,5 ml / ½ łyżeczki mielonego anyżu
15 ml / 1 łyżka cukru
45 ml / 3 łyżki. łyżka wina ryżowego lub wytrawnego sherry
60 ml / 4 łyżki sosu sojowego
250 ml / 8 uncji płynu / 1 szklanka wody

W dużym rondlu o grubym dnie umieść połowę cebuli i imbiru. Resztę włóż do wnętrza kaczki i dodaj na patelnię. Dodaj wszystkie pozostałe składniki oprócz sosu hoisin, zagotuj, przykryj i gotuj na wolnym ogniu przez około 1 1/2 godziny, od czasu do czasu obracając. Wyjmij kaczkę z patelni i pozostaw do wyschnięcia na około 4 godziny.

Kaczkę ułożyć na grillu w brytfance wypełnionej odrobiną zimnej wody. Piec w piekarniku nagrzanym do 230°C/450°F/stopień gazu 8 przez 15 minut, następnie odwrócić i piec przez kolejne 10 minut, aż ciasto będzie chrupiące. W międzyczasie podgrzej zarezerwowany płyn i polej nim kaczkę.

Pieczona kaczka z grzybami

dla 4 osób

1 kaczka

75 ml / 5 łyżek oleju arachidowego

45 ml / 3 łyżki. łyżka wina ryżowego lub wytrawnego sherry

15 ml / 1 łyżka sosu sojowego

15 ml / 1 łyżka cukru

5 ml / 1 łyżeczka soli

szczypta pieprzu

2 ząbki czosnku, posiekane

225 g grzybów przekrojonych na pół

600 ml / 1 sztuka / 2½ szklanki bulionu z kurczaka

15 ml / 1 łyżka mąki kukurydzianej (skrobi kukurydzianej)

30 ml / 2 łyżki wody

5 ml / 1 łyżeczka oleju sezamowego

Kaczkę pokroić na 5 cm / 2 kawałki. Rozgrzej 45 ml/3 łyżki oleju i smaż kaczkę, aż będzie lekko rumiana ze wszystkich stron. Dodać wino lub sherry, sos sojowy, cukier, sól i pieprz i gotować przez 4 minuty. Wyjąć z formy. Rozgrzej pozostałą oliwę i podsmaż czosnek na lekko złocisty kolor. Dodać grzyby i mieszać, aż pokryją się olejem, następnie wlać mieszaninę kaczki na patelnię i dodać sos. Doprowadź do wrzenia, przykryj i gotuj na wolnym ogniu przez około 1 godzinę, aż kaczka będzie ugotowana. Wymieszaj skrobię kukurydzianą i wodę na pastę, następnie dodaj ją do mieszanki i gotuj, mieszając, aż sos zgęstnieje.

Kaczka z dwoma grzybami

dla 4 osób

6 suszonych grzybów chińskich

1 kaczka

750 ml / 1¼ punktu / 3 szklanki bulionu z kurczaka

45 ml / 3 łyżki. łyżka wina ryżowego lub wytrawnego sherry

5 ml / 1 łyżeczka soli

100 g pędów bambusa pokrojonych w paski

100g grzybów

Grzyby namoczyć w letniej wodzie na 30 minut i odcedzić. Odrzuć łodygi, a wierzchołki przekrój na pół. Umieść kaczkę w dużej żaroodpornej misce z sosem, winem lub sherry i solą, a następnie umieść ją w rondlu wypełnionym wodą tak, aby sięgała do dwóch trzecich wysokości miski. Doprowadź do wrzenia, przykryj i gotuj na wolnym ogniu przez około 2 godziny, aż kaczka będzie ugotowana. Zdejmij z patelni i odetnij mięso od kości. Płyn z gotowania wlać do osobnego rondla. Na dnie naczynia do gotowania na parze ułóż pędy bambusa i dwa grzyby, włóż z powrotem mięso z kaczki, przykryj i gotuj przez kolejne 30 minut. Zagotuj płyn z gotowania i zalej nim kaczkę.

Gulasz z kaczki i cebuli

dla 4 osób

4 suszone grzyby chińskie

1 kaczka

90 ml / 6 łyżek sosu sojowego

60 ml / 4 łyżki oleju arachidowego

1 cebula dymka, posiekana

1 plasterek korzenia imbiru, posiekany

45 ml / 3 łyżki. łyżka wina ryżowego lub wytrawnego sherry

450 g / 1 funt cebuli, pokrojonej w plasterki

100 g pokrojonych pędów bambusa

15 ml / 1 łyżka brązowego cukru

15 ml / 1 łyżka mąki kukurydzianej (skrobi kukurydzianej)

45 ml / 3 łyżki wody

Grzyby namoczyć w letniej wodzie na 30 minut i odcedzić. Odrzuć łodygi i odetnij wierzchołki. Kaczkę nacieramy 15 ml / 1 łyżką sosu sojowego. Zachowawszy 15 ml/1 łyżkę oleju, rozgrzej pozostały olej i podsmaż cebulę dymkę i imbir, aż się lekko zrumienią. Dodaj kaczkę i smaż, aż lekko się zarumieni ze wszystkich stron. Eliminuje nadmiar tłuszczu. Dodaj wino lub sherry, pozostały sos sojowy i tyle wody, aby prawie przykryła kaczkę. Doprowadzić do wrzenia, przykryć i dusić przez 1 godzinę, od czasu do czasu obracając.

Rozgrzej zarezerwowany olej i smaż cebulę, aż będzie przezroczysta. Zdejmij z ognia, dodaj pędy bambusa i grzyby, następnie dodaj kaczkę, przykryj i gotuj na wolnym ogniu przez kolejne 30 minut, aż kaczka będzie ugotowana. Zdejmij kaczkę z patelni, pokrój ją na kawałki i połóż na ciepłym talerzu. Doprowadzić płyny w rondlu do wrzenia, dodać cukier i mąkę kukurydzianą i gotować, mieszając, aż mieszanina zagotuje się i zgęstnieje. Polej kaczkę i podawaj.

Kaczka z pomarańczą

dla 4 osób

1 kaczka

3 dymki (zielona cebula), pokrojone na kawałki

2 plasterki korzenia imbiru pokrojonego w paski

1 plasterek skórki pomarańczowej

sól i świeżo zmielony pieprz

Kaczkę włóż do dużego rondla, zalej samą wodą i zagotuj. Dodać dymkę, imbir i skórkę pomarańczową, przykryć i dusić około 1,5 godziny, aż kaczka będzie miękka. Dopraw solą i pieprzem, odcedź i podawaj.

Pieczona kaczka z pomarańczą

dla 4 osób

1 kaczka

2 ząbki czosnku, przekrojone na pół

45 ml / 3 łyżki oleju arachidowego

1 cebula

1 pomarańcza

120 ml / 4 uncje / ½ szklanki wina ryżowego lub wytrawnego sherry

2 plasterki korzenia imbiru, posiekane

5 ml / 1 łyżeczka soli

Kaczkę natrzyj czosnkiem w środku i na zewnątrz, a następnie posmaruj olejem. Obraną cebulę posiekać widelcem, wymieszać z nieobraną pomarańczą znajdującą się w środku kaczki i zamknąć wykałaczką. Kaczkę ułożyć na grillu w brytfance wypełnionej lekko gorącą wodą i wstawić do nagrzanego piekarnika do temperatury 160°C/325°F/stopień gazu 3 na około 2 godziny. Odcedź płyn i włóż kaczkę z powrotem na brytfannę. Dodaj wino lub sherry i posyp imbirem i solą. Wróć do piekarnika na kolejne 30 minut.

Wyrzuć cebulę i pomarańczę, a kaczkę pokrój na kawałki i podawaj. Powstałym sosem polej kaczkę i podawaj.

Kaczka z gruszkami i kasztanami

dla 4 osób
225 g obranych kasztanów
1 kaczka
45 ml / 3 łyżki oleju arachidowego
250 ml / 8 uncji / 1 szklanka bulionu z kurczaka
45 ml / 3 łyżki sosu sojowego
15 ml / 1 łyżka wina ryżowego lub wytrawnego sherry
5 ml / 1 łyżeczka soli
1 plasterek korzenia imbiru, posiekany
1 duża gruszka, obrana i pokrojona w grube plasterki
15 ml / 1 łyżka cukru

Gotuj kasztany przez 15 minut i odcedź je. Kaczkę pokroić na kawałki o wielkości 5/2 cm, rozgrzać olej i smażyć kaczkę, aż lekko się zarumieni ze wszystkich stron. Odcedź nadmiar oleju, następnie dodaj bulion, sos sojowy, wino lub sherry, sól i imbir. Doprowadź do wrzenia, przykryj i gotuj na wolnym ogniu przez 25 minut, od czasu do czasu mieszając. Dodać kasztany, przykryć i dusić przez kolejne 15 minut. Gruszkę posypać cukrem, wrzucić na patelnię i smażyć około 5 minut, aż się zarumieni.

dziobanie kaczki

dla 6

1 kaczka

250 ml / 8 uncji płynu / 1 szklanka wody

120 ml / 4 uncje / ½ szklanki miodu

120 ml / 4 uncje / ½ szklanki oleju sezamowego

Na naleśniki:

250 ml / 8 uncji płynu / 1 szklanka wody

225 g / 8 uncji / 2 szklanki mąki uniwersalnej

olej arachidowy do smażenia

Do sosów:

120 ml / 4 uncje / ½ szklanki sosu hoisin

30 ml / 2 łyżki brązowego cukru

30 ml / 2 łyżki sosu sojowego

5 ml / 1 łyżeczka oleju sezamowego

6 cebul (zielona cebula), pokrojona wzdłuż

1 ogórek pokrojony w paski

Kaczka musi być cała, a skóra nienaruszona. Zawiąż mocno szyję sznurkiem i przeszyj lub przewlecz dolną dziurkę na guzik. Wykonaj małe nacięcie z boku szyi, włóż słomkę i wdmuchuj powietrze pod skórę, aż będzie pełna. Kaczkę włóż do miski i odstaw na 1 godzinę.

W rondlu zagotuj wodę, dodaj kaczkę i gotuj przez 1 minutę, następnie wyjmij i dobrze odsącz. Podgrzej wodę do wrzenia i dodaj miód. Wcieraj mieszaninę w skórę kaczki, aż będzie nasycona. Kaczkę wieszamy na talerzu w chłodnym, wentylowanym miejscu na około 8 godzin, aż skórka będzie twarda.

Zawiesić kaczkę lub umieścić ją na ruszcie nad brytfanną i piec w nagrzanym piekarniku w temperaturze 180°C/350°F/gaz, stopień 4, przez około 1,5 godziny, regularnie polewając olejem sezamowym.

Na naleśniki zagotuj wodę i stopniowo dodawaj mąkę. Delikatnie zagniataj, aż ciasto będzie miękkie, przykryj wilgotną ściereczką i odstaw na 15 minut. Rozłóż go na posypanej mąką powierzchni roboczej i uformuj długi wałek. Pokroić w plastry o grubości 2,5 cm, następnie spłaszczyć na grubość około ¼/5 mm i posmarować powierzchnię olejem. Ułóż je parami tak, aby naoliwione powierzchnie stykały się ze sobą i delikatnie posyp mąką z zewnątrz. Rozłóż pary na szerokość około 10 cm i smaż parami przez około 1 minutę z każdej strony, aż lekko się zarumienią. Oddziel i ułóż w stos, aż będzie gotowy do podania.

Przygotować sosy, mieszając połowę sosu hoisin z cukrem, a resztę sosu hoisin z sosem sojowym i olejem sezamowym.

Wyjmij kaczkę z piekarnika, usuń skórę i pokrój ją w kostkę, a mięso w kostkę. Układać na różnych talerzach i podawać z naleśnikami, sosami i dodatkami.

Gulasz z kaczki z ananasem

dla 4 osób

1 kaczka

400 g ananasa z puszki w syropie

45 ml / 3 łyżki sosu sojowego

5 ml / 1 łyżeczka soli

szczypta świeżo zmielonego pieprzu

Kaczkę włożyć do garnka o grubym dnie, zalać samą wodą, doprowadzić do wrzenia, przykryć i gotować na wolnym ogniu przez 1 godzinę. Syrop ananasowy wlać do rondelka z sosem sojowym, doprawić solą i pieprzem, przykryć i gotować na małym ogniu przez kolejne 30 minut. Dodaj kawałki ananasa i gotuj przez kolejne 15 minut, aż kaczka będzie ugotowana.

Pieczona kaczka z ananasem

dla 4 osób

1 kaczka
45 ml / 3 łyżki mąki kukurydzianej (skrobi kukurydzianej)
45 ml / 3 łyżki sosu sojowego
225 g ananasa z puszki w syropie
45 ml / 3 łyżki oleju arachidowego
2 plasterki korzenia imbiru pokrojonego w paski
15 ml / 1 łyżka wina ryżowego lub wytrawnego sherry
5 ml / 1 łyżeczka soli

Mięso obieramy z kości i kroimy na kawałki. Wymieszaj sos sojowy z 30 ml/2 łyżkami mąki kukurydzianej i wymieszaj z kaczką, aż pokryje się nią kaczka. Pozostawić na 1 godzinę, od czasu do czasu mieszając. Drobno rozgnieć ananasa i syrop i delikatnie podgrzej w rondlu. Pozostałą mąkę kukurydzianą wymieszać z odrobiną wody, wsypać na patelnię i smażyć, mieszając, aż sos zgęstnieje. Przyjrzyj się sobie dobrze. Rozgrzej olej i delikatnie podsmaż imbir na złoty kolor, następnie wyrzuć imbir. Dodaj kaczkę i smaż, aż lekko się zarumieni ze wszystkich stron. Dodaj wino lub sherry i sól i gotuj jeszcze kilka minut, aż kaczka będzie ugotowana.

Kaczka z ananasem i imbirem

dla 4 osób

1 kaczka

100 g imbiru konserwowego w syropie

200 g ananasa z puszki w syropie

5 ml / 1 łyżeczka soli

15 ml / 1 łyżka mąki kukurydzianej (skrobi kukurydzianej)

30 ml / 2 łyżki wody

Umieść kaczkę w żaroodpornej misce i włóż ją do rondla wypełnionego wodą tak, aby sięgała do dwóch trzecich wysokości miski. Doprowadź do wrzenia, przykryj i gotuj na wolnym ogniu przez około 2 godziny, aż kaczka będzie ugotowana. Wyjmij kaczkę i pozwól jej lekko ostygnąć. Usuń skórę i ości, a kaczkę pokrój na kawałki. Ułóż na talerzu i trzymaj w cieple.

Odcedź syrop imbirowo-ananasowy do rondla, dodaj sól, mąkę kukurydzianą i wodę. Doprowadzić do wrzenia, wymieszać i gotować kilka minut, ciągle mieszając, aż sos będzie klarowny i zgęstniejący. Dodać imbir i ananasa, wymieszać i polać kaczkę przed podaniem.

Kaczka z ananasem i liczi

dla 4 osób

4 piersi z kaczki

15 ml / 1 łyżka sosu sojowego

1 strąk anyżu gwiazdkowatego

1 plasterek korzenia imbiru

olej arachidowy do smażenia

90 ml / 6 łyżek octu winnego

100 g / 4 uncje / ½ szklanki brązowego cukru

250 ml / 8 uncji / ½ szklanki bulionu z kurczaka

15 ml / 1 łyżka sosu pomidorowego (ketchupu)

200 g ananasa z puszki w syropie

15 ml / 1 łyżka mąki kukurydzianej (skrobi kukurydzianej)

6 liczi w puszkach

6 wiśni maraschino

Kaczkę, sos sojowy, anyż i imbir włożyć do rondla i zalać zimną wodą. Doprowadź do wrzenia, wyjmij, przykryj i gotuj na wolnym ogniu przez około 45 minut, aż kaczka będzie ugotowana. Przefiltruj i wysusz. Smażyć na rozgrzanym oleju, aż będą chrupiące.

W międzyczasie w rondlu wymieszaj ocet winny, cukier, bulion, sos pomidorowy i 30 ml/2 t syropu ananasowego, zagotuj i gotuj przez około 5 minut, aż zgęstnieje. Dodaj owoce i podgrzej kaczkę przed podaniem.

Kaczka z wieprzowiną i kasztanami

dla 4 osób

6 suszonych grzybów chińskich
1 kaczka
225 g obranych kasztanów
225 g chudej wieprzowiny pokrojonej w kostkę
3 cebule dymki (zielona cebula), posiekane
1 plasterek korzenia imbiru, posiekany
250 ml / 8 uncji / 1 szklanka sosu sojowego
900 ml / 1½ litra / 3¾ szklanki wody

Grzyby namoczyć w letniej wodzie na 30 minut i odcedzić. Odrzuć łodygi i odetnij wierzchołki. Włożyć do dużego rondla z pozostałymi składnikami, doprowadzić do wrzenia, przykryć i dusić przez około 1,5 godziny, aż kaczka będzie ugotowana.

Kaczka Z Ziemniakami

dla 4 osób

75 ml / 5 łyżek oleju arachidowego

1 kaczka

3 ząbki czosnku, posiekane

30 ml / 2 łyżki sosu z czarnej fasoli

10 ml / 2 łyżeczki soli

1,2 L / 2 ćwiartki / 5 szklanek wody

2 pory, pokrojone w grubsze plasterki

15 ml / 1 łyżka cukru

45 ml / 3 łyżki sosu sojowego

60 ml / 4 łyżki wina ryżowego lub wytrawnego sherry

1 strąk anyżu gwiazdkowatego

900 g ziemniaków, grubo posiekanych

½ szklanki chińskich liści

15 ml / 1 łyżka mąki kukurydzianej (skrobi kukurydzianej)

30 ml / 2 łyżki wody

gałązki natki pietruszki płaskolistnej

Rozgrzej 60 ml/4 łyżki oleju i smaż kaczkę na złoty kolor ze wszystkich stron. Zawiąż lub zszyj koniec szyi i umieść szyję kaczki w głębokiej misce. Rozgrzej pozostałą oliwę i podsmaż czosnek na lekko złocisty kolor. Dodaj sos z czarnej fasoli i sól i gotuj 1 minutę. Dodać wodę, por, cukier, sos sojowy, wino lub sherry i anyż gwiazdkowaty i doprowadzić do wrzenia. Wlać 120 ml / 8 uncji / 1 filiżankę mieszanki do wgłębienia kaczki i przypiąć lub zszyć. Pozostałą mieszaninę podgrzej w rondlu aż do wrzenia. Dodać kaczkę i ziemniaki, przykryć i dusić przez 40 minut, raz obracając kaczkę. Ułóż liście chińskie na talerzu. Zdejmij kaczkę z patelni, pokrój ją na kawałki o wielkości 5/2 cm i ułóż na talerzu razem z ziemniakami. Mąkę kukurydzianą wymieszać z wodą na pastę, przelać do rondelka i gotować na małym ogniu, mieszając, aż sos zgęstnieje.

Czerwona gotowana kaczka

dla 4 osób

1 kaczka
4 dymki (zielona cebula), pokrojone na kawałki
2 plasterki korzenia imbiru pokrojonego w paski
90 ml / 6 łyżek sosu sojowego
45 ml / 3 łyżki łyżka wina ryżowego lub wytrawnego sherry
10 ml / 2 łyżeczki soli
10 ml / 2 łyżeczki cukru

Kaczkę włóż do rondla o grubym dnie, zalej samą wodą i zagotuj. Dodaj dymkę, imbir, wino lub sherry i sól, przykryj i gotuj na wolnym ogniu przez około 1 godzinę. Dodaj cukier i gotuj przez kolejne 45 minut, aż kaczka będzie ugotowana. Pokrój kaczkę na talerz i podawaj na ciepło lub na zimno, z sosem lub bez.

Kaczka pieczona w winie ryżowym

dla 4 osób

1 kaczka

500 ml / 14 uncji / 1¾ szklanki wina ryżowego lub wytrawnego sherry

5 ml / 1 łyżeczka soli

45 ml / 3 łyżki sosu sojowego

Kaczkę włożyć do rondla o grubym dnie, dodać sherry i sól, doprowadzić do wrzenia, przykryć i gotować na małym ogniu przez 20 minut. Kaczkę odcedzić, zachowując płyn i posmarować sosem sojowym. Umieścić na ruszcie w brytfance wypełnionej niewielką ilością gorącej wody i piec w nagrzanym piekarniku w temperaturze 180°C/350°F/stopień gazu 4 przez około 1 godzinę, często polewając zarezerwowanym płynnym winem.

Kaczka na parze z winem ryżowym

dla 4 osób

1 kaczka
4 dymki (zielona cebula), przekrojone na pół
1 plasterek korzenia imbiru, posiekany
250 ml / 8 uncji / 1 szklanka wina ryżowego lub wytrawnego sherry
30 ml / 2 łyżki sosu sojowego
szczypta soli

Kaczkę gotujemy we wrzącej wodzie przez 5 minut i odcedzamy. Umieścić w żaroodpornej misce razem z resztą składników. Umieść miskę w rondlu wypełnionym wodą tak, aby sięgała do dwóch trzecich wysokości boków miski. Doprowadź do wrzenia, przykryj i gotuj na wolnym ogniu przez około 2 godziny, aż kaczka będzie ugotowana. Przed podaniem wyrzuć dymkę i imbir.

solona kaczka

dla 4 osób

45 ml / 3 łyżki oleju arachidowego
4 piersi z kaczki
3 dymki (zielona cebula), pokrojone w plasterki
2 ząbki czosnku, posiekane
1 plasterek korzenia imbiru, posiekany
250 ml / 8 uncji / 1 szklanka sosu sojowego
30 ml / 2 łyżki wina ryżowego lub wytrawnego sherry
30 ml / 2 łyżki brązowego cukru
5 ml / 1 łyżeczka soli
450 ml / ¾ pt / 2 szklanki wody
15 ml / 1 łyżka mąki kukurydzianej (skrobi kukurydzianej)

Rozgrzej olej i smaż piersi z kaczki na złoty kolor. Dodaj dymkę, czosnek i imbir i smaż przez 2 minuty. Dodaj sos sojowy, wino lub sherry, cukier i sól i dobrze wymieszaj.

Dodać wodę, doprowadzić do wrzenia, przykryć i dusić około 1,5 godziny, aż mięso będzie bardzo miękkie. Mąkę kukurydzianą wymieszać z odrobiną wody, następnie wlać do rondla i gotować, mieszając, aż sos zgęstnieje.

Pikantna kaczka z fasolką szparagową

dla 4 osób
45 ml / 3 łyżki oleju arachidowego
4 piersi z kaczki
3 dymki (zielona cebula), pokrojone w plasterki
2 ząbki czosnku, posiekane
1 plasterek korzenia imbiru, posiekany
250 ml / 8 uncji / 1 szklanka sosu sojowego
30 ml / 2 łyżki wina ryżowego lub wytrawnego sherry
30 ml / 2 łyżki brązowego cukru
5 ml / 1 łyżeczka soli
450 ml / ¾ pt / 2 szklanki wody
225 g fasolki szparagowej
15 ml / 1 łyżka mąki kukurydzianej (skrobi kukurydzianej)

Rozgrzej olej i smaż piersi z kaczki na złoty kolor. Dodaj dymkę, czosnek i imbir i smaż przez 2 minuty. Dodaj sos sojowy, wino lub sherry, cukier i sól i dobrze wymieszaj.

Dodać wodę, zagotować, przykryć i gotować około 45 minut. Dodać fasolę, przykryć i gotować kolejne 20 minut. Mąkę kukurydzianą wymieszać z odrobiną wody, następnie wlać do rondla i gotować, mieszając, aż sos zgęstnieje.

gulasz z kaczki

dla 4 osób

1 kaczka

50 g / 2 uncje / ½ szklanki mąki kukurydzianej (mąki kukurydzianej)

olej do smażenia

2 ząbki czosnku, posiekane

30 ml / 2 łyżki wina ryżowego lub wytrawnego sherry

30 ml / 2 łyżki sosu sojowego

5 ml / 1 łyżeczka startego korzenia imbiru

750 ml / 1¼ punktu / 3 szklanki bulionu z kurczaka

4 suszone grzyby chińskie

225 g pokrojonych pędów bambusa

225 g posiekanych kasztanów wodnych

10 ml / 2 łyżeczki cukru

szczypta pieprzu

5 cebul dymki (zielonej cebuli), pokrojonych w plasterki

Kaczkę pokroić na małe kawałki. Odlać 30 ml / 2 łyżki mąki kukurydzianej i przykryć kaczkę pozostałą mąką kukurydzianą. Zetrzyj nadmiar proszku. Rozgrzej oliwę i podsmaż czosnek i kaczkę, aż się lekko zrumienią. Zdjąć z patelni i odsączyć na ręcznikach papierowych. Umieść kaczkę w dużym rondlu. Wymieszaj wino lub sherry, 15 ml / 1 łyżka. łyżka sosu sojowego i imbiru. Dodać na patelnię i smażyć na dużym ogniu przez 2 minuty. Dodać połowę sosu, doprowadzić do wrzenia, przykryć i dusić około 1 godziny, aż kaczka będzie ugotowana.

W międzyczasie namoczyć grzyby w letniej wodzie na 30 minut, a następnie odcedzić. Odrzuć łodygi i odetnij wierzchołki. Do kaczki dodać grzyby, pędy bambusa i kasztany wodne i smażyć często mieszając przez 5 minut. Odcedź tłuszcz z płynu. Pozostały sos, mąkę kukurydzianą i sos sojowy wymieszaj z cukrem i pieprzem i wymieszaj w rondlu. Doprowadzić do wrzenia, wymieszać i gotować około 5 minut, aż sos zgęstnieje. Przełożyć do ciepłej miski i podawać udekorowane czosnkiem.

Pieczona kaczka

dla 4 osób

1 lekko ubite białko

20 ml / 1½ łyżki mąki kukurydzianej (mąki kukurydzianej)

Sól

450 g pokrojonej w plasterki piersi z kaczki

45 ml / 3 łyżki oleju arachidowego

2 cebule dymki (zielona cebula), pokrojone w paski

1 zielona papryka pokrojona w paski

5 ml / 1 łyżeczka wina ryżowego lub wytrawnego sherry

75 ml / 5 łyżek bulionu z kurczaka

2,5 ml / ½ łyżeczki cukru

Białka ubić z 15 ml/1 łyżką stołową skrobi kukurydzianej i szczyptą soli. Dodaj plasterki kaczki i mieszaj, aż kaczka będzie nią pokryta. Rozgrzej olej i smaż kaczkę, aż będzie miękka i złocista. Zdjąć kaczkę z patelni i odsączyć całość z wyjątkiem 30 ml/2 łyżki oleju. Dodaj cebulę dymkę i paprykę i smaż przez 3 minuty. Dodać wino lub sherry, bulion i cukier i doprowadzić do wrzenia. Pozostałą mąkę kukurydzianą wymieszać z odrobiną wody, wlać do sosu i gotować, mieszając, aż sos zgęstnieje. Dodać kaczkę, podgrzać i podawać.

kaczka ze słodkimi ziemniakami

dla 4 osób

1 kaczka

250 ml / 8 uncji / 1 szklanka oleju arachidowego (olej arachidowy)

225 g słodkich ziemniaków, obranych i pokrojonych w kostkę

2 ząbki czosnku, posiekane

1 plasterek korzenia imbiru, posiekany

2,5 ml / ½ łyżeczki cynamonu

2,5 ml / ½ łyżeczki zmielonych goździków

szczypta mielonego anyżu

5 ml / 1 łyżeczka cukru

15 ml / 1 łyżka sosu sojowego

250 ml / 8 uncji / 1 szklanka bulionu z kurczaka

15 ml / 1 łyżka mąki kukurydzianej (skrobi kukurydzianej)

30 ml / 2 łyżki wody

Kaczkę pokroić na 5 cm/2 kawałki. Rozgrzej olej i smaż ziemniaki na złoty kolor. Zdjąć je z patelni i odsączyć całość z wyjątkiem 30 ml/2 łyżki oleju. Dodaj czosnek i imbir i smaż przez 30 sekund. Dodaj kaczkę i smaż, aż lekko się zarumieni ze wszystkich stron. Dodać przyprawy, cukier, sos sojowy i bulion i podgrzewać aż do wrzenia. Dodać ziemniaki, przykryć i dusić około 20 minut, aż kaczka będzie ugotowana. Mąkę kukurydzianą wymieszać z wodą na pastę, dodać ją na patelnię i smażyć, mieszając, aż sos zgęstnieje.

słodko-kwaśna kaczka

dla 4 osób

1 kaczka

1,2 l / 2 pkt / 5 szklanek bulionu z kurczaka

2 cebule

2 marchewki

2 ząbki czosnku, pokrojone w plasterki

15 ml / 1 łyżka przyprawy marynowanej

10 ml / 2 łyżeczki soli

10 ml / 2 łyżeczki oleju z masła orzechowego

6 cebul dymki (zielona cebula), posiekanych

1 mango, obrane i pokrojone w kostkę

12 liczi przekrojonych na pół

15 ml / 1 łyżka mąki kukurydzianej (skrobi kukurydzianej)

15 ml / 1 łyżka octu winnego

10 ml / 2 łyżeczki przecieru pomidorowego (pasty)

15 ml / 1 łyżka sosu sojowego

5 ml / 1 łyżeczka proszku pięciu przypraw

300 ml / ½ porcji / 1¼ szklanki bulionu z kurczaka

Kaczkę włożyć do koszyka do gotowania na parze w rondlu z bulionem, cebulą, marchewką, czosnkiem, piklami i solą. Przykryj i gotuj na parze przez 2 godziny 30. Ostudzić kaczkę, przykryć i wstawić do lodówki na 6 godzin. Mięso obieramy i kroimy w kostkę. Rozgrzej olej i podsmaż kaczkę i dymkę, aż będą chrupiące. Dodać pozostałe składniki, doprowadzić do wrzenia i gotować 2 minuty, mieszając, aż sos zgęstnieje.

www.ingramcontent.com/pod-product-compliance
Lightning Source LLC
Chambersburg PA
CBHW071905110526
44591CB00011B/1551